病院経営を劇的に改善する

医療データ活用戦略

経営者新書

木村裕一

KIMURA YUICHI

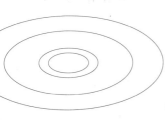

GENTOSHA

幻冬舎MC

はじめに

国民医療費は年々増え続けて2013年度実績で40兆円を突破。2015年度は予算ベースでも43兆円に達し、2025年度には、介護と合わせると74兆円にまで増加すると予測されています。その一方で、全国の病院の約8割が赤字であり、その赤字幅は年々悪化しています。このままでは医療機関は疲弊し、日本の優れた医療が危機に瀕して、結局そのツケがすべて国民に及ぶことになってしまいます。

本書では、主に病院の経営者が、経営改革を進めて優れた医療を提供し、ひいては日本の医療が成長産業として発展していくための処方箋について、医療現場で実際に成果を上げた事例を交えながら紹介します。

病院の経営改革を、「医業収益を拡大することで経営を安定させ、患者とその家族に満足してもらえる質の高い医療を提供する取り組み」と、私は位置付けています。そのために重要なのは、データに基づいて病院の経営、業務、診療のすべてを客観的に分析・可視化することで課題を正確に浮き彫りにすることです。しかしながら、どの病院でもデータを格納している多くのＩＴシステムは個別最適で構築されており、ＩＴシステムが異なればデータは活用どころか、つなげることすらできないのが現状です。従って、ＩＴシステムを総入れ替えする以外に解決策はないと思われてきましたが、それより遥かに安価かつ簡単な手段で、データを自在に活用できることがわかってきました。本書の第1章では、医業収益を改善しながら医療の質と患者満足度を向上させるという、一見相反する病院の経営課題について検討します。第2章では、製造業で成果を上げたトヨタの「カイゼン」、ＢＰＲ（Business Process Reengineering）、ＴＯＣ（Theory Of Constraints）を参考にしながら、実際の医療現場の課題に即して改善策を検討します。そして第3章では、つながらない病院のデータをすばやくつなげ、簡単に分析、可視化する方法を詳しく解説します。また、経営戦略の再構築と「カイゼン」によって病院の経営基盤を強化する取り組みを第2章と第4章で、更に、病院経営の視座を院外や予防医療、健康増進等の関連領域に広げて、病院の社会的価値をより高めていくいくつかの経営戦略について第4章で紹介します。

それらの取り組みによって病院経営を改善、改革し、より価値のある医療を継続して提供していることをデータで実証できれば、優秀な人財の獲得や集患につながって病院の経営体質が強化され、医療政策の変更、人口減少、高齢化進展等の経営環境変化に翻弄されることのない、攻めの経営に転じることができるでしょう。これからの時代に求められる病院経営の姿、理想の医療の実現に向けて日々奮闘されているすべての医療関係者にとって、本書で紹介する処方箋がお役に立てることを願っています。

病院経営を劇的に改善する　医療データ活用戦略　目次

第1章

膨れ上がる経営コスト……
病院の8割が赤字に陥っている

全国の病院の8割が赤字

病院の経営環境は年々厳しさを増し、今後、経営の舵取りが一層難しくなっていくのは衆目の一致するところです。全国公私病院連盟と日本病院会が行った調査によれば、２０１４年時点で日本国内の病院の約８割が赤字であり、この傾向は10年以上続いています（図１―１）。２００８年から続く診療報酬本体のプラス改定もあって医業収入は伸び続けているものの、医業費用がそれを上回って上昇してきたことが赤字の主因です。因みに、２０１４年に消費税率改定の影響などで大病院ほど赤字幅が拡大し、病院全体の２０１４年度平均の損益率は前年のマイナス１・７％からマイナス３・１％に悪化しました。

また、国民医療費は毎年伸び続けて２０１３年度には40兆円を突破し、２０１５年度は予算ベースで43兆円に達して国の財政を圧迫。今後、国が政策的に医療費を大幅に抑制していくのは避けられません。公私立を問わず、収支改善の抜本策を講じなければ、経営破綻に陥る病院は確実に増加していくでしょう。

図1-1　赤字病院の割合の年次推移

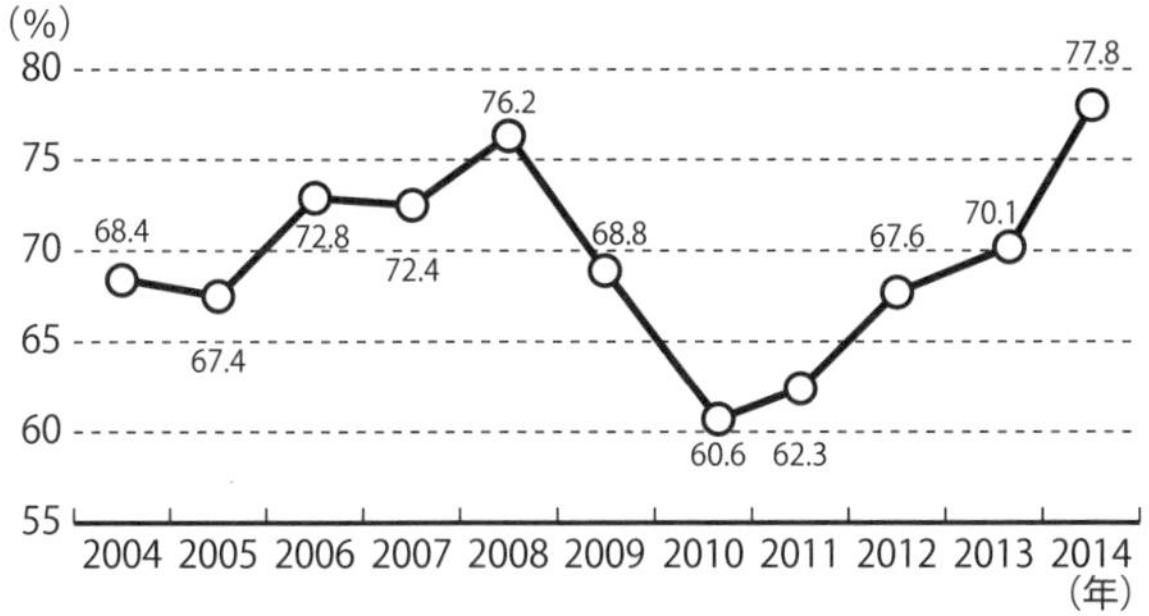

全国公私病院連盟・日本病院会「平成26年 病院運営実態分析調査の概要」
（集計数925病院）をもとに作成

　こうした状況では、病院経営者が「コスト削減」に注力し、目先の赤字を解消することに最優先で取り組むのは当然です。現に、医療経済学関連の学会等で、病院経営者の最大の関心事はコスト削減であり、研究者への質問は「病院の経営コスト削減の要諦は何か」に集中しています。

「病院の存続」という切実な課題を抱える経営者が、医療経済学の権威を前にコスト削減策を尋ねるのは合理的です。しかし、本当に知りたいのは、病院運営の効率化だけでなく、あくまで医療の質の向上とを同時に達成する具体的な手段でしょう。

DPC制度は「良い病院」と「悪い病院」を可視化する

医療コストの削減、適正化は国にとっても喫緊の課題です。高齢化に加え、医療技術、医薬品・医療機器の高度化に伴って膨張する医療費の抑制、適正化のために、厚生労働省は様々な施策を打ち出してきました。そのうちの一つである、入院一日当たりの定額支払い制度DPC・PDPS導入によって医業収益が受けるインパクトは、今はまだ些少ですが、今後大きな影響をもたらすのは必至です。

この制度について簡単におさらいすると、診断群分類ごとに包括評価部分について一日当たりの診療報酬を定めて医療費のバラツキをなくし、同時に総医療費の抑制を図るものです。入院期間が長引くと報酬が逓減する仕組みは、DPC・PDPSが改定されるたびに〝増強〟されてきており、それに合わせて多くの病院が最適な治療によって患者を早期に回復させ、早く退院させるという取り組みを強化しています。

また、DPC制度では、制度適用病院に対して厚生労働省が定めた様式での入院診療データの提出を義務付けており、同省は適宜それらを集計、分析して一部を公開し始めています。

ＤＰＣ導入によって、様々な疾病による入院治療を透明化、標準化し、最適な治療プロセス（クリニカルパス）を確立した上で、エヴィデンスに基づく診療ガイドラインの策定、更にはアウトカムの向上につなげようというのが厚生労働省の狙いだと考えられます。その点で、厚生労働省と病院経営者の目指すものは同じだと言えますが、それが同床異夢でないことは、先見の明ある志の高い病院経営者にとっては自明でしょう。好むと好まざるとにかかわらず、ＤＰＣ制度下で公開されていくデータの質と量が充実していくにつれて、患者が「良い病院」と「悪い病院」を客観的指標で見分けられるようになっていくのもやはり自明でしょう。

そして今、医療データを分析・可視化して、医療の質や病院の良し悪しを見分ける情報を提供する、ビジネス・インテリジェンス（ＢＩ）、ビッグデータ、人工知能といったＩＴが破壊的に進化しています。誰もが、必要な医療を必要な時に、医療機関を自由に選択して受けられる平等な医療制度が今後も維持されていくと考えると、患者による医師や病院の選別が本格化していくのは間違いありません。それによって病院の淘汰再編は予想より遥かに早く起こると考えるべきでしょう。

平均在院日数の呪縛

入院日数が長引くと報酬が逓減する仕組みが、ＤＰＣ制度の中で次第に強化されているのは先に述べた通りですが、日本の病院の在院日数は、依然としてＯＥＣＤ諸国の中で圧倒的に長くなっています（図1―2）。それが日本の医療費が膨張し続ける一因でもあり、ＤＰＣ制度によって解決が期待されている課題でもあります。

一方、日本の総医療費は先進諸国の中では決して高い水準ではありません。総医療費の対ＧＤＰ比は米仏独等の先進国の平均より若干低いレベルであり、一人当たり医療費は、平均を大幅に下回っています。国民皆保険制度を維持しながら他の先進国より医療費が抑制されているのは、病院経営者はじめ、医師や看護師、コメディカルや医事課スタッフの皆さんが日々努力を重ねていること、また、日本の医療の質が諸外国よりも優れていることが主要因として挙げられるでしょう。しかし、国民医療費削減のためにも、個々の病院の医業収益改善のためにも、改善すべき点は積極的に改めていかなければなりません。

ＤＰＣ制度下では、定められた入院期間を過ぎると診療報酬が逓減していきますから、な

図1-2　平均在院日数　全病床　2012年

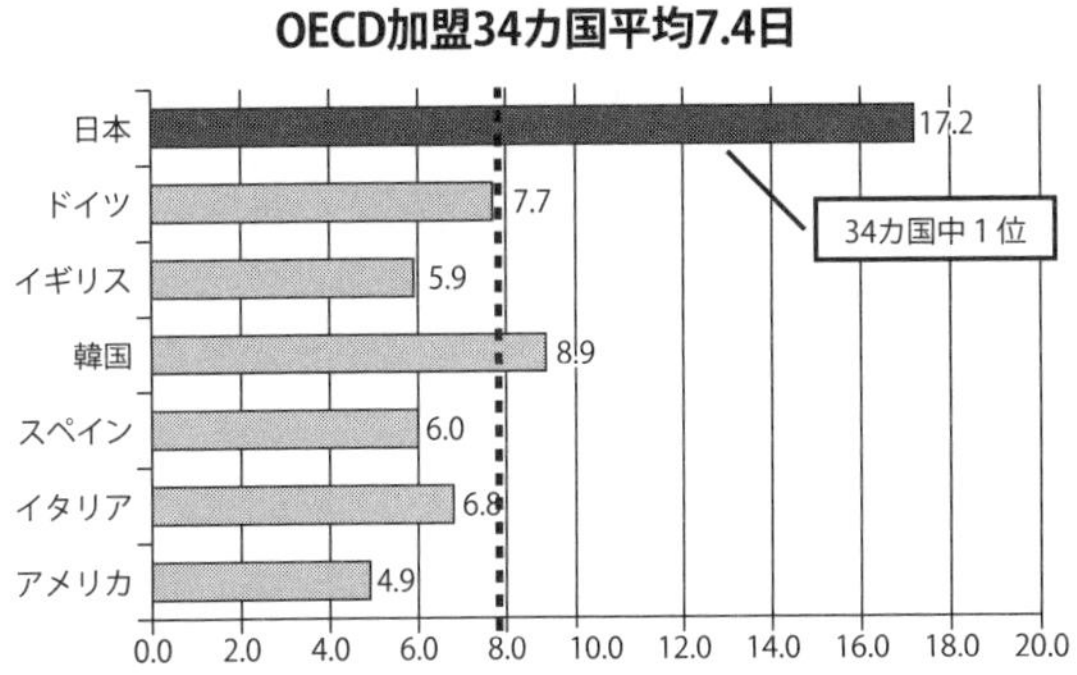

OECD (2015), Length of hospital stay (indicator). doi: 10.1787/8dda6b7a-en
(Accessed on 26 October 2015)をもとに作成
※アメリカのみ2010年のデータ

るべく早く退院させることで診療基本料の単価を最大化できます。もちろん、患者を早く退院させても新たな入院患者を迎えられなければ総収入は増えません。そのため「それより長く入院してもらうほうが病院の総収入が増える」「ベッドを空けておくよりはマシ」という発想には、一見経済合理性があります。しかし、ＤＰＣデータの公開が進めば、ムダな入院をさせられていることが患者側からわかるようになり、患者満足度を低下させて集患に悪影響を及ぼすのは必至です。また、長期入院は診療基本料の平均単価を下げるので、収益最大化の機会を逃してしまうのは明らかです。更に、病院スタッフのモラルに影響を与えて、いい人財を失ってしまうリスクもあるでしょう。

一方で、DPC制度が導入されてから10年以上を経て、とにかく早く退院させることが是とされ、完治していないのに退院させてしまう例が顕在化しています。そんなことは論外ですが、とにかく早く出て行けと言わんばかりに追い出されたという、患者や家族の苦情や不満は、増加の一途というのが実態です。そのような事情による同じ症例での再入院では、DPC制度上診療報酬が減額されますから、収益を悪化させるのは勿論、患者に選ばれない病院になっていきます。在院日数を適正化させるのは、病院経営者が留意すべき非常に大きな経営課題だということに異論はないでしょう。

ベッド数20万床削減の政策方針……経営改革に取り組む病院しか生き残れない

国は、医療費効率化の一環として2025年時点の全国の病院の病床数を2015年より最大で20万床削減する方針を打ち出しました。今後、各都道府県が今回の指針に基づいて、医療費や急性期病床の事実上の削減を含む病床の機能分化計画を策定しなければなりません。

病院経営者にとっては、診療の効率化推進、得意な診療科の強化、在宅医療の体制整備等の経営変革が、大きな経営課題になっていきます。

図１—３からわかるように、現在のＤＰＣ制度では調整係数などによって、ＤＰＣ対象病院の診療報酬が非ＤＰＣ病院と比較して大幅に高くなるように制度設計されています。そのせいか、ＤＰＣ対象病院の中にまったく危機感を持っていない医療関係者もいることには驚きを隠せません。

現状の制度と医療費増加の推移が続くと仮定すると、団塊の世代がすべて75歳以上になって国民医療費の高騰が更に進む２０２５年時点では、税負担分の医療費だけで政策経費の４割にもなると見積もられています。ＤＰＣ対象病院であるか否かにかかわらず、国が病床数の削減や診療報酬の削減を劇的に進めるのは間違いないでしょう。そうした事情を勘案すると、すべての病院経営者は、今すぐに抜本的な経営の効率化や経営改革に着手すべきです。

図1-3　主な診療科別の入院患者1人1日当たり診療収入

【DPC以外の病院】

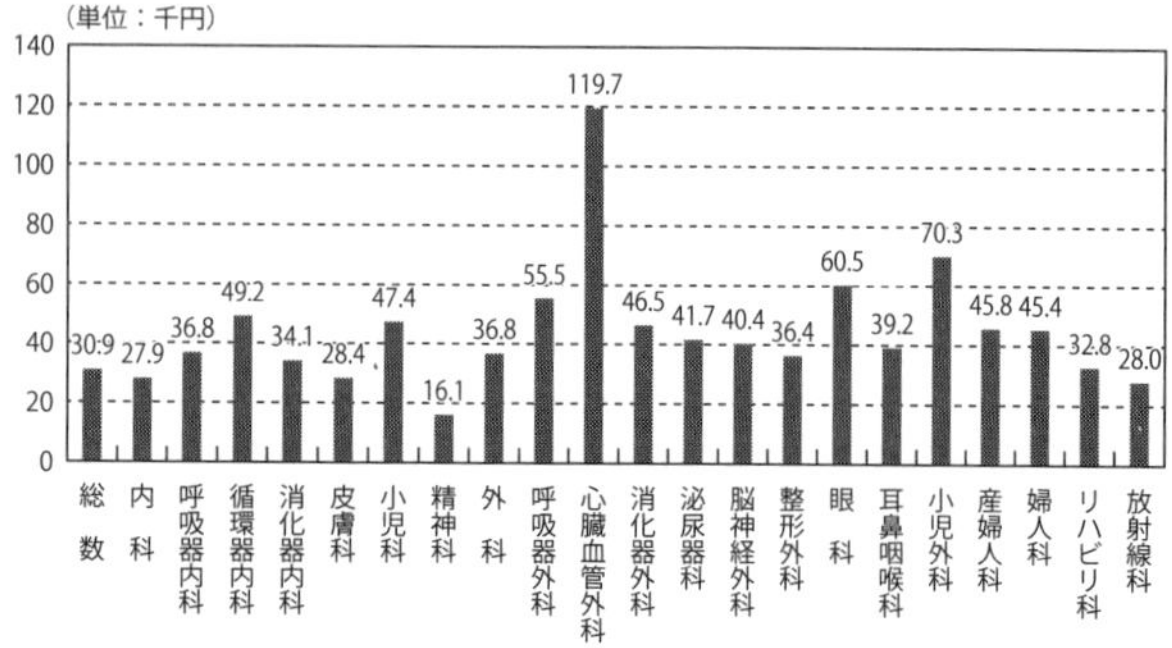

【DPCの病院】

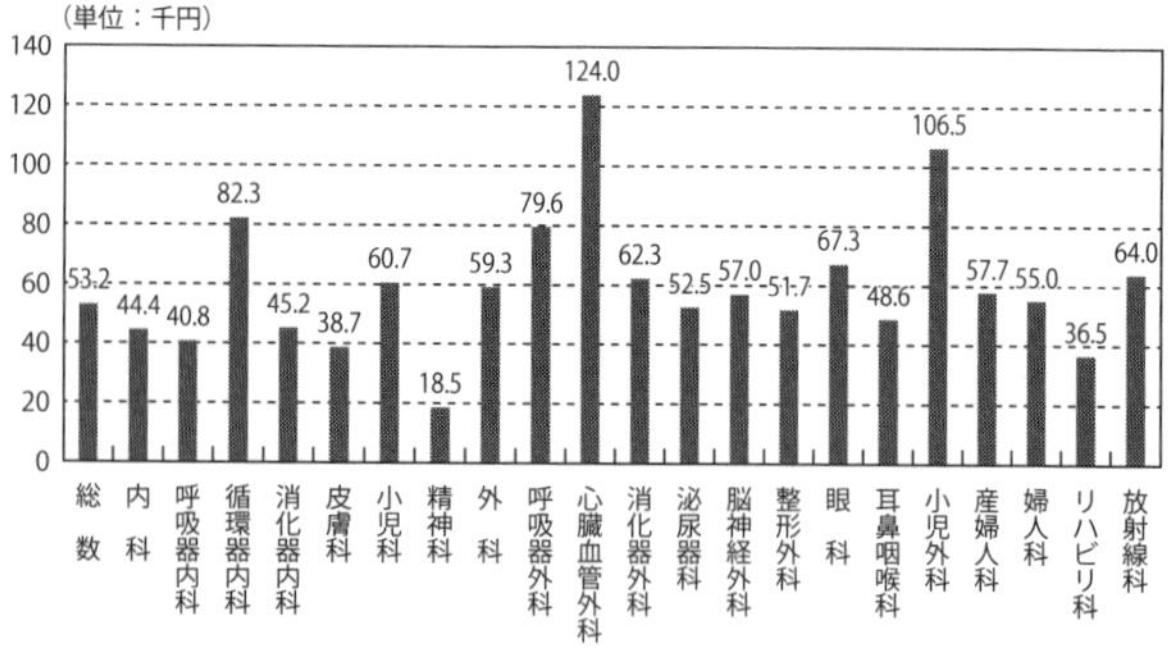

DPC 適用病院（下のグラフ）は、未適用病院（上のグラフ）に比べて、すべての診療科で診療報酬が大幅に高い。

「平成 26 年病院運営実態分析調査の概要（平成 26 年 6 月調査）」をもとに作成

「効率的な病院経営」という表現を巡る論争

「最高の医療を提供する」「目の前の人の命を救うために、できうる限りのすべてをやり尽くすのが医者の務め」という信念を持ち、医療現場で日々、人命に関わっている志の高い医療関係者の中には、医療に効率を求めることに抵抗を感じる方もいるでしょう。しかし、本書での「医療の効率化」とは、治療の「手抜き」や「切り捨て」、あるいは医療従事者の労働強化を意味するものではなく、治療や業務上の明らかなムダをなくし、適正な費用で最大のアウトカムを患者に提供することを意図します。

卑近な例ですが、複数回使用分が入った薬品パッケージから一回分しか使わずに、新しく次のパッケージを開けて使うことにまったく躊躇しない医師がたくさんいる、と多くの看護師の方が嘆いています。結局、大量の薬剤を捨てているのですが、このようなムダが至るところにあるのが普通の病院の姿でしょう。

世界最強の製造企業と評価されているトヨタ自動車は、あらゆるムダを徹底的に排除して、コスト削減を継続する「カイゼン」力を持っています。その活動は「乾いた雑巾をさらに絞る」と形容されますが、それに比較すると、多くの病院は濡れ雑巾状態です。

トヨタは、ムダだけでなく作業工程上でのムラやムリなどといった、いわゆる「ムダ・ムラ・ムリ」を撲滅する「カイゼン」活動を通じて、市場環境や政策の変化にすばやく適応する業務改革能力を身に付けた人材を育てています。また、「ムダ・ムラ・ムリ」をなくす活動が、最高の品質を作り込む活動でもあることは、トヨタの長年の成果によって実証されています。従って、このような効率化こそ、病院経営者が目指すべき活動だと言えるでしょう。

医療現場のムダ

手術まで何カ月も待たなければならない評判の高い病院の手術室の稼働率が70%、即ち30%も遊んでいる、などという医療の世界では当たり前のことも、トヨタの「カイゼン」思想で見ればムダだらけの非常識です。また、診療や手術の現場において、データの突合・分析・可視化のために、医師や看護師が費やす膨大な時間と労力は、患者に直接向き合う時間を失っているという点で、やはりムダな時間だと考えるべきです。

何をもってムダとみなすかについては、一般の産業界におけるＢＰＲ（Business Process Reengineering：業務プロセスの再構築）の考え方が医療においても参考になります。ＢＰＲでは、付加価値を生まない業務プロセス（＝作業）すべてがムダであり、顧客（＝患者）にとって価値を生んでいる仕事・作業だけを必要な業務と考えます。従って、例えば病院職員や患者、器材の移動はすべてムダとみなします。移動中は通常、患者に治療を施すなどの価値ある対応ができないからです。

また、すべての在庫はムダです。薬剤等の医療材料については、必要な時に病院内に在庫がないと治療ができませんが、使われるまでは一切の付加価値を生んでいないどころか、保管場所の費用、在庫管理をする費用、そして劣化するなどして廃棄する費用まで発生させるムダです。必要なモノを必要な時に、必要な量だけ、必要な場所に用意できれば、一切の在庫は不要です。この考え方を突き詰めて業務プロセス化したのが、トヨタ生産方式の「ジャスト・イン・タイム」です。

ムダを数え上げればきりがないのですが、外来患者が診察や支払いのために待つ時間は当然すべてムダ、医師や看護師の待機時間もすべてムダであり、至るところムダだらけなのが病院の一般的な現状です。こうしたムダを撲滅することで費用が最適化され、さらに病院職員や患者にとっても満足度は向上します。

更に、ムダをそぎ落としていけばいくほど、その過程で隠れていた問題点が顕在化（＝「見える化」）していくのが、BPR、トヨタの「カイゼン」の真の価値です。BPRにはもう一つ、データの一元化という重要な概念があります。即ち、同じデータは一回だけしか取得せず、記録は一度だけに留め、一つのデータベースに一元化しておかなければならないということです。それを怠ると、データの漏れ、間違い、共有や二次利用ができないという問題が発生して、課題や付加価値の所在の特定ができなくなるからです。病院のデータ活用は、後で述べるようにこのBPRの原則に完全に抗っていると言わざるを得ません。

「医は仁術」を極めることはできるか

効率化と「医は仁術」が両立するかは、医療の世界で長い間論争の的となっていますが、私はそれらは二律背反ではない、という考えに賛成です。濡れ雑巾を徹底的に絞るようなムダの撲滅を追求していく効率化の過程で、この二つは両立されると考えます。なぜなら、何がムダかを判断する基準は、患者にとって価値のある活動なのか否か、がすべてだからです。患者にとって価値のあることだけに活動を集中させてそれを極めるというのは、「医は仁術」そのものではないでしょうか。

トヨタは、ムダの徹底的な排除を組織の文化にまで昇華させることで、費用の効率化と品質の向上を両立してきました。そこから、排ガス規制や円高などの外部環境変化による困難もすべて乗り越えることを可能にする、業務改革能力も組織の中に育んできました。効率化か品質か、収益増か手厚い医療か、と二者択一の「ＯＲ」の圧力に屈することなく、一見すると相反する目標や使命を両立させる「ＡＮＤ」を追求する経営を実践してきたからこそ、トヨタは世界最強と言われる企業になり得たのです。

トヨタに限らず、効率化を徹底して収益基盤を確立している一般の一流企業の提供する製品やサービスの品質は低いでしょうか。無論その正反対で、それらの製品・サービスは最高の品質であることが約束されています。品質はブランドを構成しており、品質への信頼が少しでも揺らげば破綻も避けられないのは、むしろ超一流企業の宿命です。エクセレントカンパニーと言われる企業は、一人ひとりの顧客の要望にきめ細かに応える製品を届け、アフターサービスも充実させて、いつまでも最高の価値を提供し続けているからこそ増収増益を続けているのです。

民間病院で赤字が続けば、最新設備の導入や更新、従業員の給与や福利厚生の充実、患者への手厚い医療への投資が次第にできなくなって、「医は仁術」はおろか、質の高い医療の提供も不可能になります。公立病院でも、今後は補助金の打ち切りや削減によって同様の事態が起きてくるでしょう。質の高い医療を提供して「医は仁術」を極めるには、収益性を高め経営基盤を強化する「ＡＮＤ」の追求が必須条件なのです。

「AND」を実現する唯一の解は医療の質と経営の効率性をガラス張りにすること

一般の事業では、収益向上のために、より収益性の高い領域に対してのみ、人、モノ、カネ、情報等の経営リソースを重点配分する選択と集中の戦略を講じたり、４Ｐ（Product, Price, Place, Promotion）と呼ばれる製品、価格、流通チャネル、販売促進の戦略・戦術を用いて競争優位を確保し、収益性を高めています。一般企業の成功事例に学びながら、「医は仁術」と収益向上の「ＡＮＤ」実現のための具体策を検討するに当たっては、医療の世界では価格が統制されていることと、選択と集中を絶対に講じてはならない事態があることに留意しなければなりません。価格が統制されているので、コストをかけて質の高い医療を提供すると、患者が増えてむしろ赤字が拡大してしまうという事態が起こり得ます。また、採算性が悪いために、民間医療機関にはできない医療を提供する役割を国が与えている公立病院や、民間でも一部の地方中核病院では、採算を考慮した診療科の選択と集中は絶対にできません。

さて、一般企業が赤字から脱却できないのは、顧客が望む製品（Product）を、顧客が妥当と認める価格（Price）で、顧客が便利だと感じる手段や場所（Place）において、顧客にそれらの価値や利便性を訴求する（Promotion）ことのいずれか、または全部ができていないためです。即ち、顧客に支持される価値の提供ができていないことが赤字の原因であり、このような企業は市場から退場させられ、倒産に至ります。病院経営において、顧客視点、顧客への提供価値を最も重視するという理念を持つ病院経営者は今では多数派ですが、患者の立場からすると、残念ながら医療の質も価値もまったく「見える化」されていません。最高の医療を提供できる能力があったとしても、患者からの4Pの「見える化」がなければ、選ばれる病院にはなり得ません。

更に問題なのは、医療関係者でも自院の医療の質や価値が定量的に見えていないことです。まずは医療提供者が、自身の医療の質と価値を把握しなければならないのは自明です。それなしに「医は仁術」を極めることもあり得ません。

従って、徹底的にムダを炙り出して経営の効率化と医療品質向上を追求するためにも、価値の高い医療を提供して患者から選ばれる病院になるためにも、医療の質と経営の効率性のすべてを、病院の内外にガラス張りにすることが欠かせないのです。また、そんなすばらしい病院が退場させられたり倒産することは、世間が許しません。

悪い「コスト削減」は経営基盤を破壊する

業績不振に陥った企業が、選択と集中や4P戦略を駆使しても、一向に収益が改善しない例は残念ながらたくさんあります。経営戦略のフレームワークは４Ｐだけでなく、３Ｃ（Customer：顧客の要望、Competitor：競合他社の戦略、Company：自社の強みや弱み、といった経営資源の３つのＣをそれぞれ理解して、経営戦略を策定するフレームワーク）、ＳＷＯＴ分析、感度分析……と様々にありますから、４Ｐだけで経営戦略が組み立てられるとは限りません（ただ、３Ｃと４Ｐで大概は事足ります）し、優れた戦略があっても、必ずしも収益が改善するわけではありません。特に、売上を伸ばしながら利益を確保できる企業はわずかです。なぜなら、３Ｃと４Ｐの戦略を適切に立案して、すばやく実行に移すことは非常に難しいからです。そこで多くの凡庸な企業はコスト削減にひた走り、しかもそれが目的化してしまうことが往々にしてあります。そうなってしまうと、優秀な社員の能力を無為に浪費して負のスパイラルに陥ります。それは、言わば悪いコスト削減であり、企業競争力を根底から奪ってしまうことになりかねません。かつて日産自動車が経営破綻の淵から見事に復活した際、乗り込んだカルロス・ゴーンは激烈なコスト削減に取り組みました。しかしこれは徹底的にムダを排除して経営基盤を強化する良いコスト削減でした。

ゴーン氏はそのコストカットについて問われ、「日本企業のコスト削減は、文房具の購入停止、空調制限や電灯の間引きという、従業員への懲罰のようなものであり、その何百倍、何千倍もの効果のあるコスト削減に手を付けない、間違ったコスト削減だ」という趣旨のことを述べました。日産では全コストの6割が資材費でしたが、系列との取引継続を重視してそこにはほとんどメスを入れていなかったとされています。

ゴーン氏の資材費削減で倒産した会社もありましたから、その社会的な評価には議論もあります。しかし、日産本体が倒産していたら遥かに多くの失業者を生んでいたでしょうし、ゴーン氏の取り組みによって、競争力を格段に高めて企業成長の礎を築いたサプライヤーも多数生まれたことは、大いに評価していいでしょう。その後、車台の共通化や、主要部品のルノーや他社との共同開発など、コスト効率化の取り組みを様々に継続したことで日産は真の競争力を再生しました。しかも、その取り組みによって、コストだけでなく製品競争力や品質も大きく向上させたのです。

言うまでもなく、コスト削減は手段であって目的ではなく、また悪いコスト削減と良いコスト削減があることには留意しなければなりません。命を預かる病院ならなおさらです。

収益の改善は、存在価値・経営理念の明確化から

では、病院の経営改革は何から始めるべきでしょう。

神聖な仕事であるからこそ、まずは自院が何のために存在し、どのような価値を社会や患者に提供していくのかという経営理念やビジョンを明確に定めなければなりません。即ち、「我々は何者であるか、何者になりたいか」を明確にするのが最初にやるべきことです。それは組織が力を合わせて価値を生み出すための指針になります。定めただけで、その理念や指針を組織内に浸透させなければ意味がありませんが、こうしたものは例え百回言って聞かせても理解されないのが普通です。必ず書きものにして、繰り返しその真意を病院の全職員に伝えることが必須です。そうしないと、病院の中でみな違う方向を向いたまま仕事をしてしまい、理念の実現に向けて一丸となって成果を上げ続ける状態にはなりません。

逆に言うと、経営理念やビジョンとは、行動指針としての要件を備えていなければ意味がありません。粉飾決算や不正輸出、リコール隠し等が暴かれた時に、「会社のためにやりました」と涙を流す社員や役員の姿がＴＶで放映される悲劇が繰り返されます。「会社のため」

というのは本来どういうことなのかが徹底されていれば、不祥事を起こした社員や会社が、社会的な制裁を受けるようなことは未然に防げたはずです。その会社にはしっかりした企業理念がなかったか、あっても言行不一致が横行していたり、社員が理解して行動指針として消化されるまで繰り返し伝えられていなかったのです。

「患者にとって最高の医療を提供し続ける」「地域の中核病院としての期待に応え続ける病院を目指す」という経営理念を掲げ、徹底されていれば、「コスト削減」の活動が「手厚い患者本位の医療を控える」とか「ケアの手を抜く」と誤解されることは決してないでしょう。経営理念やビジョンを明確にしたならば、同時に、その実現のための道筋や具体的な取り組み、手段を明確にしなければなりません。それらが明確でなければ、理念やビジョンは空論とみなされて誰もついてきてはくれないからです。

医療の質の向上はTQC・TQMで

医療の質を向上させる具体的な方法論としては、製造業で確立されて、サービス業等でも応用されているＴＱＣ（Total Quality Control：総合的・全社的品質管理）というボトムアップの品質向上活動が有効です。実際、その取り組みで医療品質を向上させた病院が国内外で増えています。また、ＴＱＭ（Total Quality Management：総合的品質管理）と呼ばれる、品質目標をトップダウンで定めて活動する経営手法も有効です（ＴＱＣとＴＱＭは明確な方法論としての差は必ずしもありませんが、敢えて言えば、現場の創意工夫でできるだけ地道に改善を積み上げていくボトムアップ型がＴＱＣであり、経営目標としてトップダウンで定められた品質目標を現場改善と全社的な目標管理で達成しようとするのがＴＱＭです）。

「患者にとって最高の医療を提供し続ける」という理想を実現するには、最高品質とは何かを定義した上で明確に目標を設定し、それを達成するための具体的な施策や組織体制を定めて、病院全体でＰＤＣＡを回すことが必須であり、ＴＱＣ・ＴＱＭの要諦です。どの現場でも、達成すべき水準と現状のギャップを定量的に把握できていないと、目標に向かって活動すること、即ち目標管理は機能しません。ましてや実態が必ずしも見えていない医療の品質目標は抽象的、主観的なものになりがちです。定量的に測定できる指標によって目標を決めておかないと、ＰＤＣＡのＰ（計画）を具体的に策定することすらできなくなって、活動は空洞化してしまいます。

医療現場で使われているクリニカルパスや治療のガイドラインは、製造業での作業標準と同様、診療を標準化してバラツキをなくし、品質向上を目指すものです。目標や標準を設定して、バラツキやムダのあるべき状態とのギャップを見出し、それらを「カイゼン」していく過程は、まさにＰＤＣＡ経営そのものであり、それによって現場と管理者の品質管理力が強化されていきます。尚、治療成果を可視化して、クリニカルパスの策定とそのブラッシュアップを支援する方法論と事例については、第３章でより詳しく紹介します。

収益の三要素

収益を向上させる具体策を検討するために、収益を因数分解して収益構造の全体像を確認しておきましょう。「収益」とは、単純化すると「収入」から「コスト」を減じたものです。

「収入」とは、ざっくりと言えば、入院・外来を合わせた症例ごとの（患者数×単価）の総和ですから、「収益」＝Σ｛（症例別患者数×その単価）－症例別コスト｝となります。従って収益改善のためには、集患、単価アップ、コスト削減の三要素のすべて、またはそのいずれかを実現することになります。

単価アップ

診療報酬制度によって、原則として診療単価は一物一価に統制されていますから、単価アップの手立ては限られます。しかし、現状、ＤＰＣ対象病院では、医療機関別係数を上げる、あるいは維持することで単価と総収入は大きく変動します。また、その他のＤＰＣ制度上のインセンティブの効果的な利用やペナルティの回避は可能ですから、ＤＰＣ制度に関わる収益構造を可視化、分析することで単価アップを図るのは重要な経営課題です。ＤＰＣに関わる収益構造の可視化については、いくつかの事例を第3章で紹介します。

残念ながら、ＤＰＣをはじめとして、制度を悪用する、あるいはグレーな制度利用をする例が報告されています。そのような「対処」は論外であり、結果的には患者満足度の低下となって、将来必ずしっぺ返しを食らうはずです。ＤＰＣデータの公開が進むことで、悪徳病院は過去に遡って炙り出されることになるでしょう。志の高い病院経営者には、常に患者本位の医療を提供しているエヴィデンスを今から蓄積し、病院内外に「見える化」することで、悪い病院を駆逐されることを期待します。尚、良い病院であることのエヴィデンスの可視化についても、第3章で詳しく紹介します。

一方、一日当たり定額払いのＤＰＣ制度は、次第に診断群別定額払いのＤＲＧ制度に置換されていくと考えられます。元々の厚生労働省の狙いがそこにあるのは明らかですし、そうしなければ医療費の膨張を抑制できないからです。既に、ＤＲＧ制度は事実上、徐々に適用されており、その範囲は拡大していくと想定されますが、ＤＰＣと同様ＤＲＧにも、医療提供体制の質を加味した機能評価計数を適用するのが合理的であり妥当です。そう考えると、質の高い医療によって早期に治癒させ、地域医療連携によって適切な退院後のケアを提供する、そういう価値ある医療の実現と継続こそが、診断群別の単価を最大化させる正攻法となっていきます。また、発想を転換して、地域医療構想の中で急性期病床数を最適化する、強みを持つ機能に特化するなどの機能の選択と集中により、単価総平均（病院収入を患者総数で除した値）は、むしろ最大化するかも知れないという可能性を検証すべきでしょう。

集患には、患者満足度の向上がすべて

集患の具体策としては、診療圏分析によって効果的にマーケティングを展開したり、逆紹介の活用等で地域での医療連携を進める、あるいは３Ｃ分析（市場ニーズを理解し、それに応える製品やサービスを他者より優れた価値として顧客に提供する戦略を分析する手法）によって、得意領域へ経営資源を集中する、などが効果的です。そのためには、ＤＰＣデータを利用しながら多角的にすばやく診療圏を分析したり、一部の診療科に経営資源を重点化することで収益性がどう変化するかなどのデータ分析が必要になります。

また、診療科や症例ごとに、自院の医療の質を客観的な指標で可視化して、効果的にそれを広報していくことができれば、集患のための強力な武器になります。勿論、医療の質を可視化していくのはまだまだ困難を伴いますし、そもそも医療の質を測ることが現状ではかなり難しく、また仮に把握できたとしても広報するには法令上の制約があることに留意しなけ

ればなりませんが、ここは外せない経営改革の本丸です。一方、総合的に患者満足度を上げる取り組みならば、できることの幅が広く、病院のファンになった患者は固定客にもなりますから、患者満足度向上の取り組みもはずすことはできません。うまくいけば、現代の最強のマーケティング手段であるSNSの口コミによって、良い病院として広く知られていくことにもなるでしょう。ところが、患者満足度の向上に長年取り組んでいても、収益（集患）が伸び悩んでいたり、高コスト体質は相変わらずだったりという病院は決して少なくありません。

患者満足度の向上に取り組んでいるのに経営が苦しいままの病院は、患者に対する丁寧な説明や手厚いケア、細やかなコミュニケーションを心がけるせいで手間が増え、現場の疲弊が積み重なって、結果的に患者へのケアが疎かになり……という悪循環に陥っている可能性があります。本来はそういう病院こそ収益が上がるように診療報酬体系をはじめとした制度設計がされるべきだという議論があります。

一般企業においても、アベノミクスによって経営環境が改善されるまで、六重苦（円高、高い法人実効税率、自由貿易協定の遅れ、高い電力コスト、労働規制、環境規制）という政府の無策、あるいは規制のせいで業績が低迷しているとする議論が盛んでした。その議論自体は間違いではありませんが、同じ環境下でも増収増益を続ける企業は存在しており、それらの企業では、３Ｃと４Ｐの戦略及び戦略の実行力が優れていたことは間違いありません。成功している企業に共通するのは、自身の顧客が誰であるかを特定して経営資源を得意領域に集中し、顧客のニーズの変化に合わせて、あるいは先取りして期待以上の価値を届ける、即ち、顧客提供価値の最大化を効率経営とともに実現している点です。

病院経営においても、結局は顧客である患者の支持を得て、更にその満足度を高めていくという顧客満足度向上の経営ができているかが、集患につながり、収益改善をもたらす成功の法則のはずです。

そこで、患者満足度の向上に長年取り組みながら、収益改善を実現できていない病院について、３Ｃの戦略フレームワークを使って問題点を分析してみましょう。

①そもそも顧客が誰なのか、またそのニーズを理解しておらず、求められていない診療や機能、サービスを提供している（Customerを把握していない）。

②地域の中で同じような診療科の病院が多数ある、あるいは名医の存在などによって評判のより高い病院があるのに、同じような診療を提供している。急性期ではなく回復期や慢性期医療の提供が比較優位にあるかも知れないことを考慮していない（Competitor戦略を考慮していない）。

③自身の強みを活かすことで、より満足度の高い医療を提供することに重点をおいていない、患者は多いのに十分なリソース（専門の医師、技術・設備、看護体制等）を投入していない、あるいは用意していないと弱みになる部分を理解していない。反対に、それを必要とする患者が来ないにもかかわらず、高額な検査・治療設備を一通り揃えることで収益をいたずらに悪化させている（Company）。

患者が何を望んでいるか、はき違えている病院

戦略はどうあれ「手厚いケアや細やかなコミュニケーション」を心がけること自体は必要不可欠です。例えば、いついかなる時にもナースコールを鳴らせば看護師がすぐにかけつけ

て、思いやり溢れる対処をしてくれるという体制は、患者にとっては絶対になければならないものであり、病院の当然の姿です。一方で、何の工夫もなくその体制を続ければ、看護師の方々は疲弊していくか、赤字を垂れ流しながら看護師を多数抱えることになって、収益が悪化していくのは間違いありません。

しかしながら、例えば、患者が望む様々な介助支援の発生時刻やパターンを分析しておけば、呼ばれなくても予め対処することができるようになって、ナースコール数を大幅に削減することが可能です。そうすれば、患者もナースコールでいちいち面倒をかけてはいけない、といった遠慮をすることなく快適なトイレ支援などを受けられるので、安心してその病院に入院していられるようになるでしょう。

また、患者ごとの状態に応じたリスク分析によって、それぞれの留意情報や緊急時の対処法がｉＰａｄなどに表示されたり、ベッドサイドに書面が備え付けられていれば、ベッドとナースセンター間を行ったり来たりすることなく、すばやく的確な対応ができます。それによって、より少ない看護師数で、質と患者満足度のより高い医療の提供が可能になります。

最小人員であらゆる患者ニーズに１００％対処するというのはそもそも「ムリ」があり、

継続することはできません。事前にナースコールで求められる対処を講じておかない状態では、ナースコールはランダムに発生するので、作業の「ムラ」が発生します。それに対応するために、最繁忙時に合わせた過剰な看護師を確保することが必要になって、稼働率の大幅な低下という「ムダ」を発生させます。現場の「ムダ・ムラ・ムリ」に着目して「カイゼン」を進めることで、効率化と、患者満足度の向上を両立させる「ＡＮＤ」が可能になるのです。

更に重要なのは、患者が本当に求めていることを見極めて、それにリソースを集中することです。求められてもいないケアは双方にとってムダなだけですが、患者ケア充実のポイントを誤って決めてしまっている例は実は非常に多いのです。こうした間違いは、一般の企業でも頻繁かつ広範に起こっています。ハイテク産業の衰退原因としてよく指摘されるのは、ユーザーニーズをはき違えて、要りもしない高機能をてんこ盛りにして高性能を誇ったことです。高機能すぎて誰も使いこなせないものを、いいものを作れば売れるはず、と思い込んでいたわけです。しかも高機能を実現するために開発費用も製造コストも高騰し、作るほどに赤字になった事例などに鑑みて、独りよがりに「最高の医療」を追求していないかを振り返ることは、非常に重要です。

「患者満足度の向上」に向けて、各病院の取り組み実態

本当の患者ニーズをどう捉えるかについて、厚生労働省が２００２年に行った調査とその後の各病院での患者満足度調査を参考に検討します。

厚生労働省は２００２年に、医療施設経営安定化推進事業の一環として、患者満足度の向上によって病院経営を安定させるための調査・提言を実施しました。その後、同様の調査が実施された結果はありませんが、個々の病院の多くはこの調査をもとにした継続的な患者満足度調査をアンケート方式で実施し、その結果を公表しています。

ここで、２００２年に厚生労働省が主導した研究班によって、顧客志向の取り組みとされた項目を図１―４にまとめました。

図1-4　患者満足度を向上させる取り組みの一例

項目	内容
病院の理念の周知徹底	病院の経営理念を従業員に知らしめ、院内にも掲示する
接遇態度の向上	身だしなみ、言葉遣いなどの向上、個人情報や人権意識に対する指導
患者のニーズや満足度を把握する取り組み	アンケート調査や意見箱の設置
情報の開示	施設・診療科・設備・クリニカルパス・実績などの情報提供
待ち時間の取り組み	予約診療の導入など
診療時間の延長	土曜日にも対応など
診療科の受診体制の整備	総合相談窓口を設置など
主治医の変更を可能にする	担当医を選択できる
医療の提供	ガイドラインの開示、用語の統一、症状や治療法についての説明など
患者に対する情報開示	診療・検査データの開示など
診察室のプライバシー向上	カーテンやパーティションで仕切るなど
病室の選択ができるようにする	面会時間や食事メニューも希望に合わせて対応
薬剤処方の指導	
会計時に診療内容の明細も提供	
保有付帯サービスの整備	食堂、ATM、コインランドリーなどの設備を充実
利便性・安全性への配慮	駐車場の拡充、送迎サービス、バリアフリー設計など
患者紹介の対応	窓口の一本化、紹介元との情報共有など
退院後のケア	在宅ケア部門の設置、相談窓口の設置など

厚生労働省「患者満足度調査導入による病院の経営改善に係る調査研究報告書」をもとに作成

患者アンケートの落とし穴——本当の患者ニーズを見誤っている

この厚生労働省の調査で顧客満足度を向上させる取り組みとされた項目をもとに、多くの病院が調査項目を追加修正しながら実施したアンケート調査の結果を概観すると、調査項目は大きく次の４点に集約されます。

①医師の説明がわかり易かったか、医師や看護師が話をよく聞いてくれたかといった相互コミュニケーションの円滑さ（コミュニケーション）
②対応が親切だったか、言葉遣いや身だしなみ、医師や病室の選択権（接遇）
③冷房など様々な設備の整備・設置状況、清潔さ、食事やアメニティーの充実度、プライバシー保護などの環境が良好か、待ち時間が短いか、診療時間が長いか等（設備・環境）
④治療の成果、医療のレベル（医療の質）

せっかくの調査ですが、各項目の重要度や緊急性についてはあまり調査されていません。

どのニーズに優先的に対応するかで満足度は大きく変わりますから、各項目についての重要度と緊急度に関する調査は欠かせません。

また、病院経営上、最も重視すべき医療の質に対してはほとんど調査されておらず、院長がやれとうるさいから形だけやったことにしておこうという、現場における面従腹背の危険な香りが漂っています。もっとも、医療の質の評価や測定は現状では事実上困難ですから、不十分であっても患者満足度調査を実施し、結果をそのまま公表している病院は、患者満足度を重視する志の高い病院であることは間違いありません。だからこそ、適切な方法で調査をし、結果を病院経営に的確にフィードバックすることが欠かせません。

現状の調査結果に基づいた対策は、患者満足度向上への効果が小さいにもかかわらずコストを増大させ、収益を悪化させているかも知れません。また、それらの対策は医師や看護師はじめ病院職員に無用な、あるいは過剰な負担を強いて、モチベーションを低下させている恐れもあります。多くの患者アンケートでは、病院の設備環境や医師・看護師の接遇など、病院の外形的な部分がある程度充実していれば概して「満足」という回答が得られる傾向があり、この点でも本当の問題点を取り違えてしまいます。アンケート調査で最も効果的なのは、どう思ったかではなく、どう行動したかを聞くことです。行動は嘘をつかないからです。その点では、厚生労働省が２０１２年に報告した、病院を選んだ理由に関する調査結果（図1―5）は、どう行動したかに関する調査なので利用価値が高いと言えます。

ところがこの調査では、「生存率、合併症発生率などの治療成績が良い」という治療成績の良さ、即ち医療の質に直接関わる理由で病院を選んだ患者は、複数回答形式にもかかわらず、わずか2～３％に留まりました。この結果からも、患者は医療の質については判断のしようがないと諦めていることがわかります。

また、患者は自分が受けた治療が最良のものだったと思いたい欲求を強く持っています。従って、その病院あるいは医師に治療してもらって良かったかを尋ねると、不満という回答は実態よりも遥かに少ない結果になると考えられます。行動科学で言うところの認知的不協和理論が適用されるからです。即ち、重大な意思決定（命や健康に関わる治療や手術をそこで受ける）をしてその結果が確定した後では、その意思決定が正しかったと信じたいので、回答内容にバイアスがかかります。患者ニーズを把握する様々な取り組みは重要ですが、

図1-5　外来──入院別にみた病院を選んだ理由（複数回答）

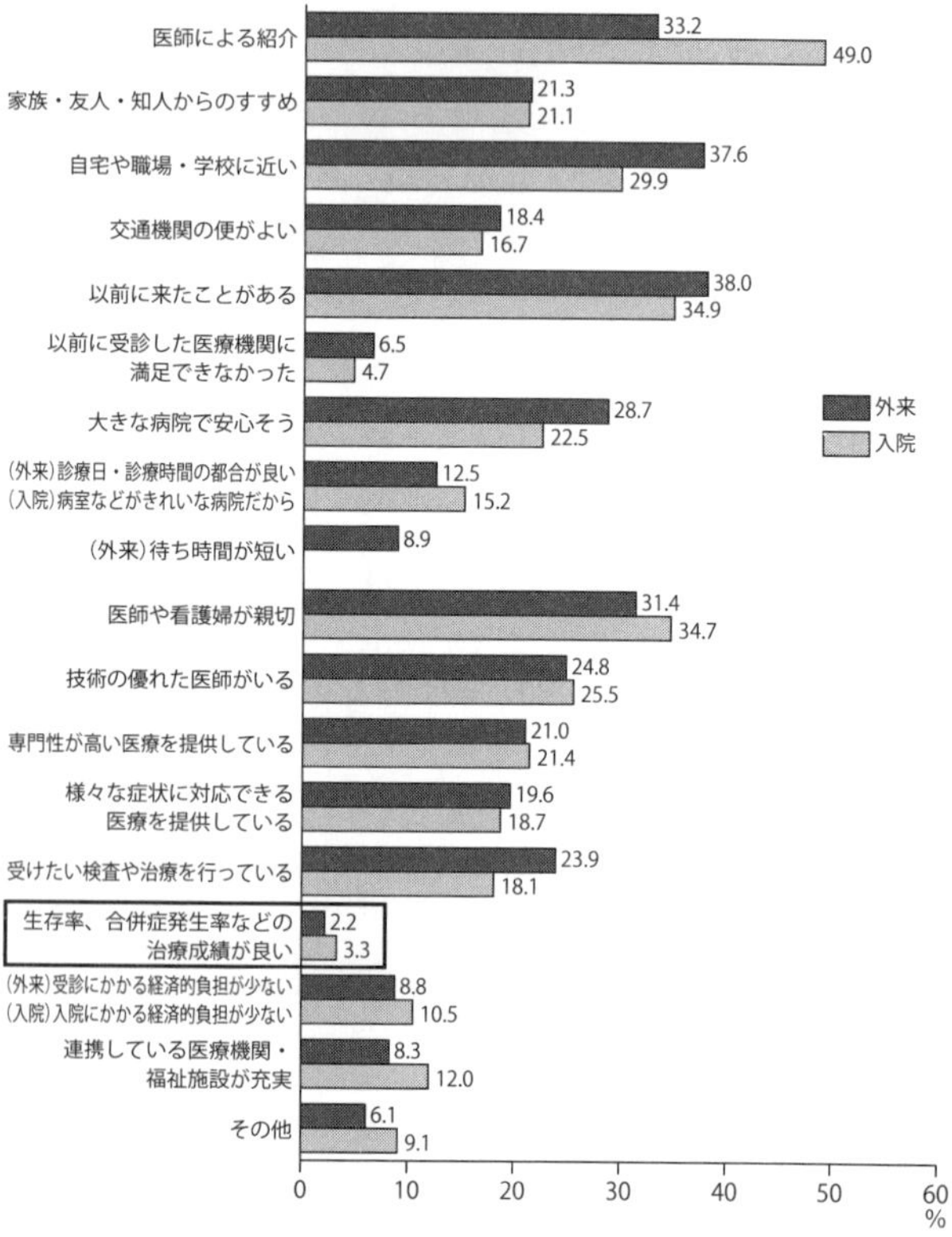

厚生労働省「平成23年受療行動調査（確定数）の概況」をもとに作成

「どう思いますか」と尋ねる形式のアンケートに頼っては、本質を見誤ることを銘記しておくべきでしょう。

患者満足度向上の本質

それでは、本当の患者ニーズ、満足度向上の要諦はどうやって把握すべきでしょうか。一般企業では、調査会社やコンサルタントを利用したり、アンケート調査、フィールド調査等の様々な手段や調査方法を駆使して顧客満足度を決定する要因を探ります。

心理学の領域からの知見としては、わかり易い客観的なデータを見ながら治療方針や経緯の説明を受ける、本当の意味でのインフォームドコンセントへのニーズの高さがわかっています。専門家の意見を聞いて納得し、自ら決定した選択は、その結果がどんなものであってもあまり不満足とは感じないからです。また、ソーシャルワーカーが一番多く受ける相談は、退院後のケアに関する心配だと言われています。このように他分野や医療現場の最前線での生の情報から得るものも多いでしょう。

一方、外来患者では、施設の充実度や説明のわかり易さ、待ち時間の短縮が満足度向上にかなり大きく影響していることが、外来患者が実際に困ったことを調べた結果として明らかになっています。特に待ち時間は、入院、外来を問わず様々な非効率のしわ寄せがたまると長くなり、患者にとって不満が顕著に表れる問題です。ムダを撲滅して待ち時間を短縮することは勿論重要ですが、同じ待ち時間でも、あとどれくらい待てばいいのかがわかればストレスが相当下がることが様々な研究でわかっています。

「言葉は嘘をつくが行動は嘘をつかない」ので、実際に行動したことから本音を探る「心のレントゲン」というコミュニケーション技術を利用する（並木裕太著『ヒット商品が教えてくれる 人の「ホンネ」をつかむ技術』から引用）というユニークなアプローチは、顧客自身も気づいていないホンネを探れる点で有効かも知れません。とは言え、医療機関の顧客、即ち患者の究極のニーズが「病気を治すこと」だというのは既にわかっています。問題は、患者満足度に関する多くのアンケートからは、それは判読できないという点です。また、医療の質を高めて、それを「見える化」することが最優先なのは自明ですが、何をもって質の高い医療と認識するのか、あるいは認識されるのかには相当の多様性があり、その点はこれからの調査の課題と言えます。その多様性の分析からひも解いていかなければ、患者満足度アンケートを続けても効果は限られますから、やはり顧客自身も判然としていないニーズを探ることは、医療でも欠かせないでしょう。

患者満足度向上に共通するのは、ここでも「見える化」だということがわかります。患者に様々なことを伝える「見える化」についても、第3章で詳しく紹介します。

「何カ月も手術待ち」ですら当たり前という医療の常識を覆せ

「何カ月も手術待ち」は当たり前——この医療の常識、世間の非常識は、患者満足度向上の要諦を確かめるまでもなく、あらゆるムダが集積した現象であることと、手術待ちの間に病状を悪化させているという、あってはならないことの解消のために、最優先で病院が取り組むべき課題です。

待ち時間を短縮する解決策は、手待ちのムダを徹底的に撲滅する「カイゼン」、リソースを集中的に配分する選択と集中、ボトルネック工程（その工程の作業が他のどの作業より作業完了が遅く、全体の進捗スピードを決めてしまっている工程）の解消という「カイゼン」やＴＯＣ（Theory Of Constraints：制約条件の理論）の取り組み、地域医療連携の中で診療リソースを共有したり分担する取り組み等々、豊富にあるのですから、これ以上、怠慢を決め込んでいることは許されません。詳しい解決方法は第２章と第３章で紹介していきます。

第2章

院内に潜む「ムダ・ムラ・ムリ」が経営を圧迫し、患者満足度を低下させる

第1章では、患者視点に立った質の高い医療を提供することで結果的に医業収益が改善する、即ち、経営の効率化と医療の質向上は両立できるということを概観しました。

そのためには、経営理念の明確化と目標設定、それらを実現するための3Cや4Pという戦略策定が必要であり、目標達成のための具体的な方法論として、製造業やサービス業で培われた「カイゼン」やBPRの適用が有効であることも見てきました。そして、「カイゼン」やBPRを進めていくためには、「見える化」、即ち可視化することが最も有効であることを議論してきました。第2章の前半では、主に製造業で発展した効率化の方法論を参照しながら、医療現場の「ムダ・ムラ・ムリ」をどのように「見える化」していくかと、「カイゼン」のポイントを検討します。後半では、医療データの活用が進まない現状について、原因と対策を考察し、代表的な「カイゼン」手法について付け加えます。

「匠の技」は、体系化されることでITシステムと親和性を持つ

実は、トヨタが数十年かけて確立したトヨタ生産システムの神髄とも言える「カイゼン」

は、その極めて高い効用が世に知られてからも長い間、グループ外企業ではうまく取り入れることができませんでした。主にトヨタのサプライヤーとしてトヨタの「カイゼン」の思想と手法を学んだ方々が、少しずつエレクトロニクス産業やサービス産業に広めていき、世界中でベンチマーキング（優良事例に学ぶこと）されるようになって、やっとその思想と本質が理解され、「カイゼン」の方法論も広まっていきました。そして、日本の製造業にまったく太刀打ちできなくなったアメリカ産業界がアカデミアや政府とも連携して、80年代からトヨタの「カイゼン」手法を徹底分析し、少しずつ体系化していったことで、他社や他産業でも導入できるようになってきたのだと言えます。

それまで、「カイゼン」手法は伝承される「匠の技」という性格を帯びていましたが、アメリカで体系化されたことで、ＩＴシステムと親和性を持つ手法に進化したと、私は考えています。

もの作りの「カイゼン」手法は医療にも適用できる

もの作りの現場で有効な「カイゼン」を医療の現場に活かす時、対象が生身の人間であることと、求められている結果が製造業とは違うことに留意しなければならないのは当然です。トヨタの「カイゼン」は、ハードウェアの組み立て現場で発展してきた方法論であり、「ハードウェアを均質かつ高い品質で作り込む」手法です。一方、医療現場では、「状態が日々変化する生身の人間それぞれに個別最適な治療を継続する」ことが求められており、瞬間ごとに、そして人ごとに対処法を変化させていかなければなりませんから、もの作りの中でも発酵食品の仕込みや熟成、あるいは農業に近い領域と言えるでしょう。その領域でも、「ムダ・ムラ・ムリ」を撲滅することで効率化と品質向上を実現していくトヨタ式「カイゼン」が、極めて有効であることはすでに実証されています。加えて、ＩＴを活用して匠の技を体系化、形式知化すれば、ハードウェアの組み立てよりも遥かに大きな効果が得られることも実証されています。例えば温室栽培では、気温、湿度、光合成、水やり、肥料、生育状況をＩＴシステムでリアルタイムに監視制御して、品質が安定した味の良い農産物を効率よく栽培できるようになっています。また、杜氏と呼ばれる匠を極めた職人の技を形式知化して、ＩＴ制御によって最高水準の酒を製造して世界に出荷している蔵元も現れています。こうしたことから、医療への「カイゼン」の適用は、ＩＴ活用が鍵になるということです。

次からは、製造業で成果を上げた事例を参照しながら、医療現場に「カイゼン」をどのように適用するかについて詳しく検討していきます。加えて、ＩＴの活用が、「カイゼン」をより有効に機能させることを見ていきます。

「カイゼン」のスタートは「ムダ・ムラ・ムリ」の発見から

「カイゼン」は「ムダ・ムラ・ムリ」を発見するところから始まります。まずはその定義、意味するところを確認してから、「カイゼン」の詳細を見ていきましょう。

●ムダ＝付加価値を生まないプロセス

●ムラ＝負荷や仕事量が大きく変動したり、プロセスや作業にバラツキがあること

●ムリ＝能力上、ムリがかかる作業

「ムダ・ムラ・ムリ」の意味するところは、このように整理されます。付加価値を生まないプロセスすべてがムダというのは、第1章で述べたBPRの概念を持ち出すまでもなく自明です。トヨタの「カイゼン」ではこのムダを7つに分類し、ムダを効率的に発見できるように工夫しており、その分類は、着眼点もあわせて示唆するものになっています。

7分類とは、①作り過ぎのムダ　②手待ちのムダ　③運搬のムダ　④加工そのもののムダ　⑤在庫のムダ　⑥動作のムダ　⑦不良を作るムダですが、運搬と在庫のムダについては、医療現場でも参考になる考え方であることに第1章で触れました。他のすべてのムダについても、医療現場に存在し、徹底的に排除しなければならないものです。ムラ・ムリを排除する視点や取り組みも含めて詳しく見ていきましょう。

◆作り過ぎのムダ（過剰なキャパシティのムダ）

図2-1　トヨタの「カイゼン」における7分類のムダ

①作り過ぎのムダ
②手待ちのムダ
③運搬のムダ
④加工そのもののムダ
⑤在庫のムダ
⑥動作のムダ
⑦不良を作るムダ

ヒット商品を当てて注文に生産が追い付かなくなると、大体において生産ラインを増強し、部品材料を大量に仕入れ、人も大増員する「キャパシティの増強」をして大量にモノを作り始めるのが世の常です。売れ行きが落ち始めても作り続けてしまい、結果的に大量の売れ残りを抱えてしまうのは、経営の失敗としてよくある話です。

機会損失をどう最小化するかとのディレンマを抱えながら、売れ行きの予測精度を上げるためにマクロ経済分析やら市場調査、感度分析、数理モデルの検討を極める企業も多いのですが、トヨタは売れた分だけしか作らないという経営を徹底することで成功しています。そのために作り過ぎのムダを排除しながら、同時に需要に応じてすばやく作る「ジャスト・イン・タイム」の生産手法を確立しています。

作り過ぎは、売れ残って陳腐化し、安売りや廃棄処分につながる可能性が増すだけでなく、廃棄や保管のために運搬作業や在庫、動作のムダも発生させる、いわばムダの元凶です。最終製品だけでなく途中の仕掛品でも、作り過ぎのムダは徹底的に排除しなければなりません。工場の生産工程のあちこちに在庫が山積みになっていると、売れるだけ作っているのかどうかが見えなくなるのは勿論、他の6つのムダも見えにくくなって、あらゆるムダを抱え込むことになるからです。机の上に大量の書類や書籍がたまっていると、どこに何があるかわからなくなるのを想像するとイメージできるでしょう。

あらゆることを「見える化」するのが「カイゼン」の要諦であるにもかかわらず、すべてを見えなくしてしまうのが作り過ぎのムダです。品質問題も見えなくして、企業としての信頼を失うリスクまでも発生させる危険性もはらんでいます。だからこそ、トヨタの「カイゼン」ではこの排除に最も力を入れるのです。作り過ぎないように、必要なモノを、必要な時に、必要なだけ作るのが、ムダの撲滅のスタートであり、核心です。

病院で同様のムダがあればやはり徹底的に排除しなければなりません。では、どのような作り過ぎのムダが病院にあるのでしょう。

語弊はありますが、敢えて経営視点で例えると、病院でもの作りに該当するのは診療と言えるでしょう。予見される診療の需要に基づいて、あるいは過去からの慣例で医療材料を発注していたり、手術室や設備を増強したりというキャパシティ（対応能力）の準備や増強をして、結果的に「用意し過ぎのムダ」を発生させていないでしょうか。医療材料の過剰な準備は在庫のムダも生みますし、医師が使い切らないで次々に新しい薬剤を使っていくムダを誘発し、更にそういったムダそのものを見えなくしてしまいます。より悪い例では、過剰なベッドを埋めようとして患者の入院期間を不必要に長引かせたり、いわゆる「ぐるぐる病院（病院が診療報酬逓減制度の適用を受けるのを回避するために、生活保護受給者が転院の繰り返しを組織的に半ば強制される事態）」などの社会的、倫理的にはグレーな行為までも誘発させかねません。

ここでも他の産業と同様に、機会損失防止や収益向上とのディレンマ、トリレンマがやはり存在します。しかし、トヨタの成功に鑑みれば、顧客に支持される最高の医療を提供することで集患に成功し、その需要を満たすだけの、即ち、必要な医療を、必要な時に、必要なだけ、必要な人に提供する病院経営を追求することで、結果的にすべてが良い方向にまわり出すことを見抜いた病院経営者だけが、あるべき病院の姿を作っていくのではないでしょうか。

◆手待ちのムダ（すべての待ち時間のムダ）

手待ちのムダとは、製造工程間での同期がとれず、後工程の作業者が前工程の作業が終わるのを待つムダのことを言います。これは病院内の様々な局面で、病院スタッフと患者双方に発生しているムダです。病院スタッフの手待ちは、コスト増並びに機会損失を生むのは勿論、モラルや活気を奪う原因にもなります。患者の待ち時間のムダは言うまでもなく満足度に影響します。

病院内で待ち時間を生む原因は大きく二つあります。一つは、手術に当たって、麻酔医、執刀医、看護師などのスケジュールの同期がとれておらず、手術開始が遅れるようなタイミングの非同期です。それによって、予定していなかった体制で手術に臨むことも必要になり、手術の進行や品質に影響を与える恐れも生まれますし、負荷調整全体に影響が及んで不要な残業や長時間勤務を引き起こします。スケジュール管理は古くて新しい病院運営の課題であり、様々なスケジュール管理ソフトウェアが巷に溢れていますが、ほとんど役に立っていません。より「見える化」に着目した解決策が必要です。

二つ目の原因は、患者が問診、検査、投薬治療等を受けていく時に、どこかの工程に負荷が偏っているためにそこで滞留が発生するようなキャパシティの非同期です。手術を受ける時にＣＴスキャンが空いていないために手術開始が予定より遅れたり、麻酔医の確保ができないために数日にわたって手術日程の先送りをしなければならない場合なども同様の問題によるものです。後者では、執刀医や手術室にも手待ちが生まれて稼働率を落とし、収益の悪化につながります。一連のプロセスにおいては、それぞれのプロセスの処理能力を揃えておかないと、手待ちのムダを発生させます。この問題の解決には、いつどこで、どういった手待ちがどれだけ発生しているかの「見える化」が極めて有効です。手術室の稼働率の「見える化」についての実例は第３章で紹介しています。その事例から様々な手待ちのムダへのアプローチが見えてくるはずです。

一方、こういった処理能力の不一致による手待ちを改善するもう一つの有効な手法がＴＯＣです。ＴＯＣは、製造業においてボトルネック工程を解消することによってトータルスループットを上げる方法論です。即ち、一連の作業工程の中で最も能力の低い工程の処理能力がボトルネックとなって、最終製品のスループット（生産量、アウトプット）を決定づけるので、ボトルネック工程を発見し、その工程の能力だけを上げることによって最小コストで生産量を増加させるというものです。手術室の稼働率向上策をＴＯＣで検討すると、手術前に行うＣＴスキャンの待ち行列と麻酔医の人数がボトルネックになっている場合が多く、いずれかを増強すると手術室の稼働率が上がってトータルスループット、即ち手術数を増やせることがわかります。どこにボトルネックがあるかは、一連のプロセスの樹状ツリーを作成して平均処理時間を記入することで「見える化」する等の方法があります。

トヨタの「カイゼン」やＴＱＣの取り組みは全員参加ですべてを少しずつ良くしようという日本人向きの取り組みですが、イスラエル発のＴＯＣの考え方は、合理的かつマネジャーが管理統制していく取り組みになっているのが興味深いところです。ここ数年のＴＯＣ適用事例の動向を報告・研究するＴＯＣ世界大会では、ほぼ半数のセッションが医療現場への適用に充てられているとのことであり、その成果に注目すべきでしょう。しかしＴＯＣであってもやはり、いかにボトルネック工程を「見える化」するかが最も重要なポイントです。そしてそのためには徹底的にデータ分析をすることが求められています。

◆**加工そのもののムダ（治療に潜むムダ）**

加工そのもののムダとは、もの作り作業において、やらなくてもいい加工をやっていたり、もっと効率的なやり方があるのにそれをやっていないムダのことです。それらのムダを見出す視点として、次の４点が用意されています。医療の現場では、治療そのものにムダがないか、あるいは様々な事務処理や作業にムダがないかを見ていくことになります。

①ELIMINATE　排除　↓加工自体をなくせないか？
②COMBINE　結合　↓複数の加工工程を一緒にできないか？
③REARRANGE　交換　↓加工の順序を変更できないか？
④SIMPLIFY　簡素化↓加工を簡素化したり、シンプルにできないか？

製造業では、標準作業が「カイゼン」の結果として定められているので、その標準と実作業を比較することで容易にムダを特定することができます。医療現場での標準としては、診療科ごとのガイドラインやクリニカルパスを活用するのが最も適していますし、既に策定したクリニカルパスを進化させていくためにも4つの視点が非常に有効です。この4つの視点について、少し掘り下げていきます。

①加工（治療）自体をなくせないかについて、「以前からそうしているから」という理由でムダな加工（治療）をしている例は、見直してみると意外に多いことに気づきます。実際、DPCデータを他院と比較することによって、明らかに過剰な投薬や検査をしている実態が見えてくる例が非常に多いことが、様々な臨床研究で報告されているのです。治療のムダが見えるだけでなく、DPCのベンチマーキング（他院、特に最も優れた治療を実践しているベストプラクティスに学ぶこと）は、医療の質を上げる点でも非常に有効であると、多くの医療関係者が実感しています。他院との比較分析を提供するサービスやアプリケーションは非常に多く、今後、DPC分析、他院とのベンチマーキングの利用が増えていくでしょう。しかしながら、現状ではそれらの各種サービスやアプリケーションは、定型分

析しかできないものがほとんどであり、ＤＰＣデータを活用しきれているとは言い難いのが実態です。ＤＰＣデータをあらゆる角度から自在に分析して、経営改善や医療の質向上に活かす具体的な方法については、第３章で紹介します。

②複数の加工工程（作業）を一緒にできないか、という視点でも多くの効率化が図れます。

慣例で作業を分割し過ぎているプロセスは意外に多く、そこには作業のムダだけでなく品質を落とす要因が潜んでいるので、必ず見直すべき重要な点です。かつて大量生産の製造現場では、作業を細分化して単純化し、誰もが簡単に作業できるようにする分業は、生産効率を上げ、間違いも防ぐとされていました。しかし、適用する作業工程の選定を間違えたり、細分化しすぎると、ムダが発生するだけでなく作業ミスも増えていきます。かつて多くの工場では、外部から購入した部材を受け入れ、検査部門で梱包を解いて現品と相違ないか、数量・員数に間違いがないか、などの外観検査をし、梱包し直して受け入れ品の品質検査部門に送付、そこでまた開梱して電気特性や素材確認をして再び梱包、一旦部品倉庫に送って保管し、製造工程から払い出し指示がかかると製造現場に搬送して開梱し……、というような、同じことを何度も繰り返す分業が一般に行われていました。実際には、梱包と開梱を何度も繰り返すうちに内容物の破損や入れ間違いが起こり、それぞれの工程で作業内容や完了したことを記入した作業伝票を発行したり、ＩＴシステムに何度も入力するうちに記載ミスや入力ミスが発生します。コストや不良を際限なく発生させる原因は、行き過ぎた分業だったのです。これらのムダを削減する改善策として多くのメーカーが採用したのは、ショップ直送（製造現場への直送）方式です。サプライヤーの出荷品質検査部門のデータを事前に確認しておくことで自工場の受け入れ検査を不要にし、その部品を使う製造工程に向けて、必要な時に必要な数だけ、梱包もせずに直送する方法です。その結果、梱包材のコストや梱包・開梱を繰り返すムダ、入れ間違いや検査記録の記入・入力ミス、保管倉庫、在庫を一掃しました。それによって、大幅なコスト削減と作業ミスによる不良の根絶が同時に達成できたのは勿論、製造期間が短縮されるという副次効果も得られました。

③患者が病院を訪れて、受付から治療を経て支払いに至るまでのプロセスや、病院内の業務

プロセスにおいて、順序を変えると効率化や誤り防止が図れる点も様々に見出すことができます。そういうムダは、現場が普段からおかしいと感じていることの中に潜んでいます。一方、一連のプロセス全体で手順が前後しているムダの発見には、部門や職制を跨る視点と共同作業が求められます。従って、医師を頂点とするピラミッド構造が根強く残る職場では、経営者のリーダーシップなくしてそのムダは排除できません。

④わざわざ難しく、複雑にやっているムダなプロセスも、よく見るといくらでも転がっています。何のためにやっている作業なのかを突き詰めると、簡素化できるムダが見えてきます。シンプルなプロセスは自ずとミスを防ぎ、「見える化」も進むことから、更なるムダの発見につながります。

◆動作のムダ（ムリな動作のムダ）

製造現場では、作業の様子をビデオ撮影した後、3倍速で再生してみた時に人間の動きとして違和感がある動きを「ムリのある動き」と認識して、その作業のやり方や作業環境をムリのないものに変えていく「カイゼン」手法を実践しているところがあります。「現場100回」という、会議室では何もわからないが、現場に行けばすべてわかるという戒めがありますが、3倍速にしてみないと、現場に行ってもなかなかわからないムリな作業があるということです。ムリな動きは、その自覚がなくても、長時間あるいは毎日繰り返していることで心身にムリがかかって不調を招き、生産性を確実に落としていきます。また、ムリのある作業によって不良が作り込まれることも自明です。手術の様子を3倍速で見ることで、医師や看護師の動作に改善の余地が見い出せる可能性は小さくありません。特に、様々な手術器具や機材、各種モニターの配置にムリがあれば、3倍速ビデオですぐにわかるでしょう。また、環境や設備を工夫することによって、特に看護の現場での負担が軽減される作業（動作）は様々にありそうです。

視線を患者におくと、特に介助を要する患者にとっては、例えばトイレに行くためにベッドから下りたり上がったりする動作は体にも、時には心にも大きな負担（＝ムダ）になります。様々な介助装置や道具を利用することで負担軽減を図る余地は大きく、それができれば患者満足度も向上します。更に、介助なしで患者自身でできることが増えれば、結果的に看護の負荷軽減につながる効果も副次的に得られるでしょう。

◆不良を作るムダ

世界最強のもの作りを実現した製造業ですが、ここまで進化する以前は、ものを作る途中の工程と最終製品において何度も不良がないかチェックして、あれば手直しをしていました。しかし、不良は製造途中で作り込まれるものなので、その原因を撲滅して不良を作り込まない「カイゼン」を重ねました。その品質改善の取り組みは、世界からベンチマーキングされ、例によってアメリカにおいて体系化されていきました。シックスシグマという統計学を取り入れた改善手法は、日本のＴＱＣの取り組みに着想を得て、その優れた品質レベルである、１００万回に３・４回しか不良を起こさないという目標を実現する取り組みです。日系企業ではない海外の製造現場の多くでは、いまだに途中工程で不良が作られて改修を重ねるムダが多く、結果的に最終製品の品質、特に耐久性において日本製品に及ばないのが現状だと言えます。医療においても、その品質は世界最高レベルと思われますが、製造業で培われた品質改善の取り組みをどんどん取り入れて、更なる高みを目指していくべきでしょう。

一方で、医療現場での不良とは、即ち治療ミスを犯すことであり、シックスシグマ以上の品質レベル、ゼロディフェクト（欠陥ゼロ）を目指すべき領域です。様々なムダ削減の取り組みでも触れてきたように、ムダを徹底的に排除することで、不良を作り込む原因の多くも取り除かれます。しかし、ゼロディフェクトを目指すには現場の改善努力だけでは不十分です。統計解析やビッグデータなどの徹底したデータ活用によって、あらゆるリスクファクターを解明し取り除いていかなければなりません。

医療データの活用が進まない現状

ここまで「カイゼン」の視点について詳しく見てきましたが、「カイゼン」成果を獲得するための前提である、データによる「見える化」の方法論を見ていきましょう。

病院には大量にデータが蓄積されていますが、その活用は、予想外に進んでいないのが実態です。一般の企業でも状況は五十歩百歩であり、例えばＥＲＰという統合基幹業務システムを数百億円あるいは数千億円かけて導入している企業では、決算実績はＥＲＰから出力されますが、予算書はＥＸＣＥＬで作成しているので、予算と実績を比較して遂行状況を確認しようとすると、ＥＲＰから自動出力されたデータをＥＸＣＥＬに手入力し直さなければならないという、笑い話にもならない現実があります。

病院でも同様で、病院内の様々な個別最適化されたＩＴシステムに別々に蓄積されたデータは、その形式や定義が異なっているため、ＥＸＣＥＬに手作業で再入力して、つなげてあげないと分析できないのが実情です。現状の病院内ＩＴシステム間はほぼ連携しておらず、膨大な作業を強いられているのに、必要な時に分析結果を閲覧できないという致命的な欠陥を抱えています。そして、病院内ですらデータがつながらない現状では、地域医療連携は絵に描いた餅です。

では、必要なデータを統合し分析できるようにする方法はあるのでしょうか。ビッグデータや人工知能のテクノロジーがそれを可能にするという議論があります。それには大いに期待しますが、実はアナログ的な視点でデータの時系列推移を見ていくことが、医療の現場の「見える化」に有効であることがわかってきました。

つながらない医療データ

まず、現状のＩＴシステムに蓄積された医療データが、なぜつながらないかについて見てみましょう。図２－２に示したように、病院には平均で30、多いところでは70もの異なる情報（ＩＴ）システムが稼働していますが、既に述べたようにほとんどが独立して存在しています。システム同士をつなげるためには、データ構造の変換、データ定義の統一が必要になります。ＥＸＣＥＬに再入力するのは、手作業でそれを代替しているわけです。また、医療データの中でも電子カルテやＤＰＣというデータ価値が大きいものの多くが、統合・集計するのが比較的難しい「縦持ち」構造になっているという問題があります。図２－３を使って横持ちの利点を単純化して説明すると、左側の縦持ち構造では、各システム間で登録されているデータの種類が異なり、単純に合体させるとデタラメなデータができあがってしまいます。右側の横持ち構造であれば、単純に合体させても、もともとのデータ定義が保持されることが直感的にわかると思います。これは言わば、テクノロジーの進化の過程における不都合な真実です。個別のＩＴシステム専用のものとしてデータベースを構築する時、「縦持ち」

図2-2　なぜデータが利用できないのか

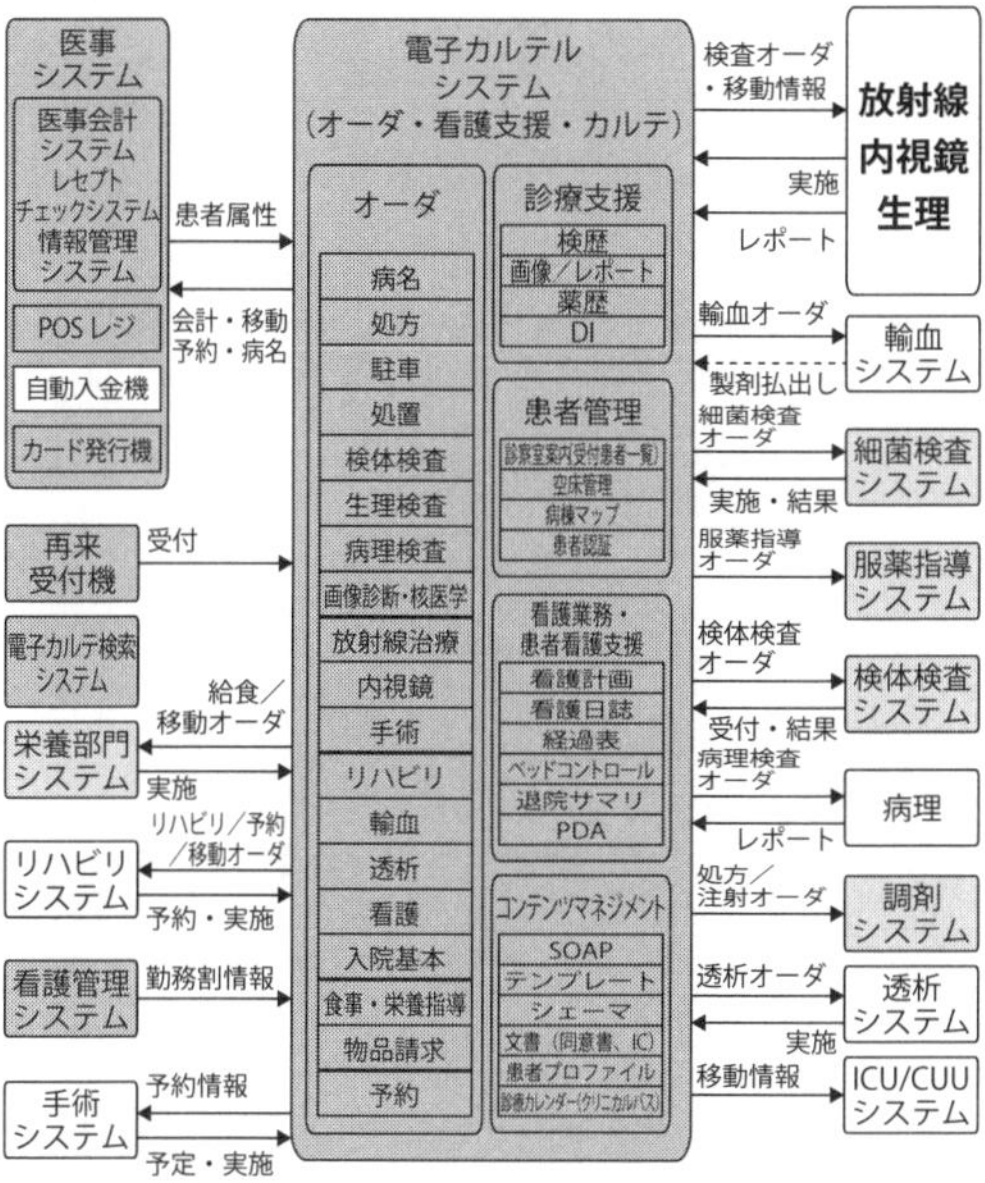

病院内には平均して30以上、多い病院では70以上の情報システムが存在する。それぞれが独自のデータの持ち方をしているシステムを利活用するには、データ構造の変換、データ定義の統一、そしてデータ検索と可視化が必要となる。

構造の方が効率がいいという背景があります。

また、図2―4に示したように、データには同じ定義でも大文字・小文字、全角・半角のように表記のゆれがあったり、同じ値でも単位の設定によって数値が異なります。また、同じ医薬品でも「錠」がついているかいないか、異なる診療科やＩＴシステムで登録されたコード番号の違いによって、予め同じものだと指定してやらなければ違う薬品と認識してしまいます。一般に、電子カルテや問診システム等の様々なデータベースに記載される専門用語にも、無数の表記のゆれがあります。また、電子カルテに記載する診断名コードを「０００９９」として、医師が自由に診断名をつけた途端、データ活用が難しくなるのは言うまでもありません。

従って、病院内のデータをつなげるためには、データ構造を変換し更にデータ定義を統一(データのクレンジング)していかなければなりません。それには膨大な手間と費用がかかることは、ＩＴの専門家ならずとも想像がつくと思います。しかも、医療とＩＴの専門知識があり、それぞれの現場でデータを日頃扱っていなければわからない作業も含まれますから、従来はまさにスーパーマンにしかできない仕事でした。しかし最近では、データベースを構

図2-3　なぜデータが活用できないのか（データ構造の変換）

タグ型構造（縦持ち構造）をCSV型構造（横持ち構造）へ

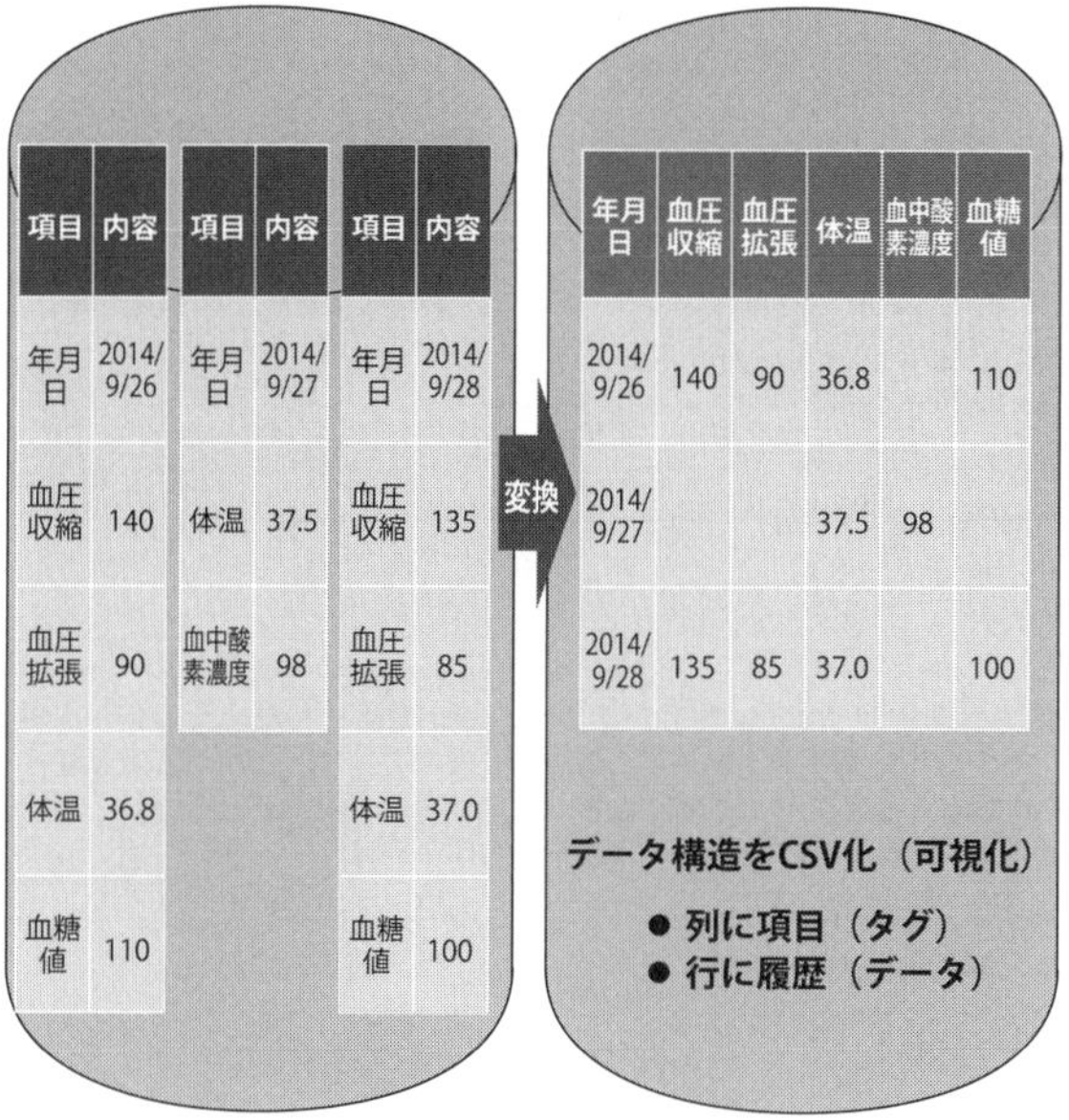

レセプトや DPC データはほとんどが縦構造になっており、統合しづらい。統合するには横持ち構造に変換することが必要。

図2-4　なぜデータが活用できないのか（データ定義の統一）

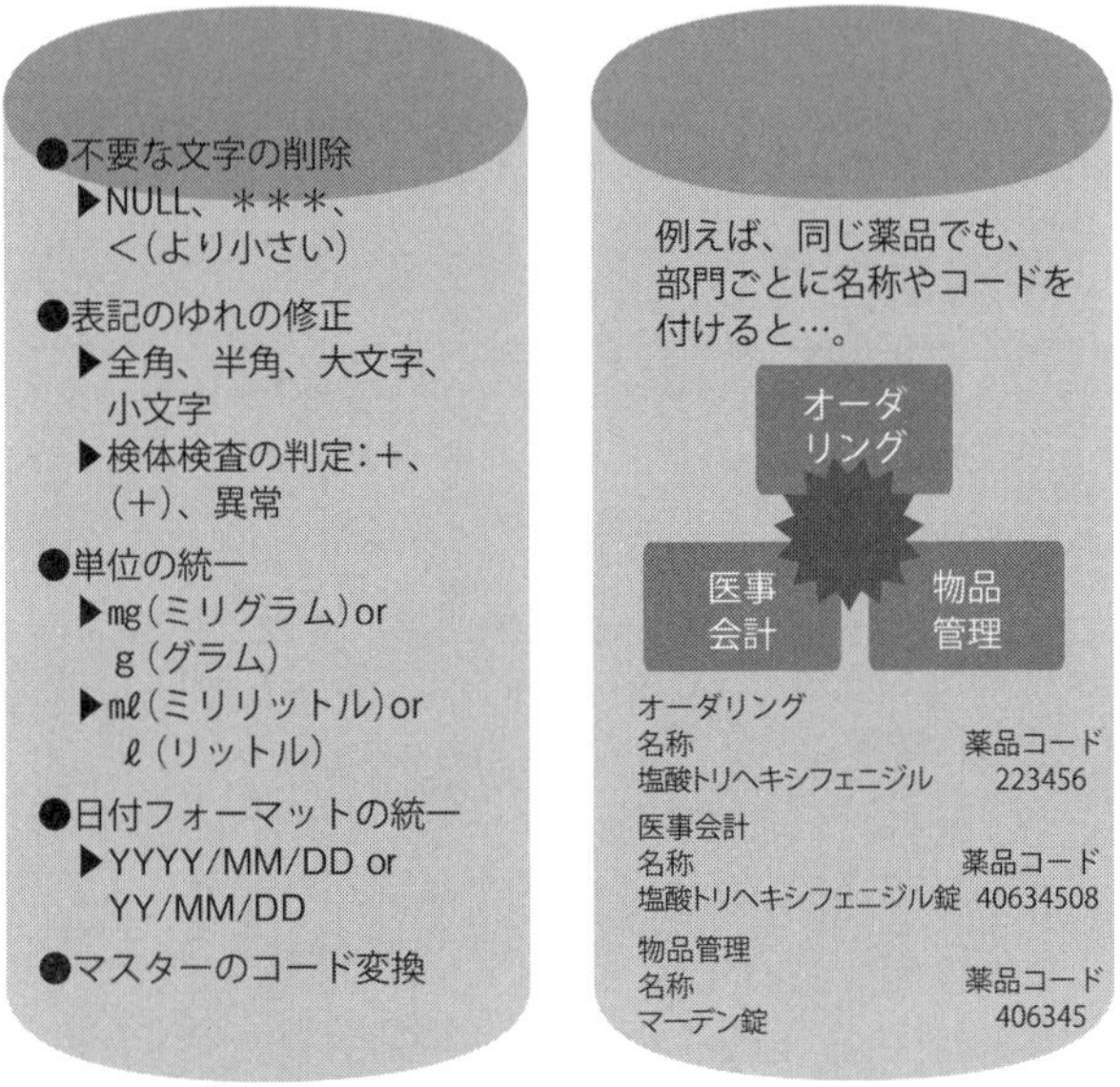
●不要な文字の削除
▶NULL、＊＊＊、＜（より小さい）
●表記のゆれの修正
▶全角、半角、大文字、小文字
▶検体検査の判定：＋、（＋）、異常
●単位の統一
▶mg（ミリグラム）or g（グラム）
▶mℓ（ミリリットル）or ℓ（リットル）
●日付フォーマットの統一
▶YYYY/MM/DD or YY/MM/DD
●マスターのコード変換
例えば、同じ薬品でも、部門ごとに名称やコードを付けると…。
オーダリング
医事会計
物品管理
オーダリング
名称　薬品コード
塩酸トリヘキシフェニジル　223456
医事会計
名称　薬品コード
塩酸トリヘキシフェニジル錠　40634508
物品管理
名称　薬品コード
マーデン錠　406345

不正データの排除や、データ定義を統一するデータクレンジングが必要。

築するような高度なＩＴ知識がなくても、すばやく効率的に現場でデータクレンジングをこなしてしまう優れもののＥＴＬツールが登場し、スーパーマンならずともデータをつなぐことができるようになってきました。しかも、ノンプログラミングのＥＴＬを使えば、データクレンジングにＩＴ知識すらも要らなくなります。ＥＴＬの登場と進化によって初めて、現場で先進のＢＩを使って自在に仮説検証することも可能になったのです。

異なるデータをつなげることで全体が見えてくる

データがやっとつながったら、今度は特定の条件に合致するデータだけを取り出したり、複数のデータを比較対照する分析が求められます。それを可能にする分析ツールとして開発されたのが、ビジネス・インテリジェンス（Business Intelligence：ＢＩ）ソフトウェアです。このソフトウェアはデータの蓄積が進んだ産業や企業において、様々な分析やシミュレーションをしながら、「見える化」や経営戦略の意思決定を支援します。思考の生産性を高め、仮説検証を支援するツールであることから、ビッグデータや人工知能につながっていくテクノロジーでもあります。伝統的な重厚長大型のＢＩツールから、セルフサービス型と言われる、主にクラウド環境で利用されるツールまで様々なＢＩツールが提供されていますが、医療の現場ではカラム型データベースを活用した先進のＢＩツールの使い勝手が適しています。

図2–5に示したのが、先進のＢＩツールを使い、データ検索や時系列での推移について複数データ間の関連を可視化して把握する例です。詳しくは第3章で説明しますが、図2–5では、電子カルテから投薬履歴や患者情報、検体検査システムから検査結果のデータを取り出して統合し、治験者を特定しています。まずダイアログボックスと呼ばれる黒地のボードにはデータラベル（データの内容）一覧が自動生成されて、各項目について治験に適する様々な値を入力してボタンを押すと、すべての条件を満たす対象者を全入院患者と外来患者から一発で抽出できます。先進のＢＩソフトウェアによっては、このようなツールを数時間で構築することも可能です。

現在主流の治験者抽出方法は、大体のあたりを付けた患者の各種データをいくつかのシステムから紙に出力して、条件に合致しているかを手作業で確認していくというものです。しかしながら、昨今、治験候補者の抽出条件は複雑かつ多岐にわたるため、必要な人数の候補者を抽出するために膨大な工数をかけ、それでも集めきれない事態が発生しています。図２−５のツールを使うことで、製薬会社にとっても病院にとっても圧倒的なコスト削減になるだけでなく、治験をスムーズに進めるという社会的な価値も生むと言えるでしょう。

図２−６のグラフについても簡単に触れます。ある患者について電子カルテから投薬情報を、問診システムから問診結果を、検体検査システムから血液検査炎症反応をそれぞれ取り出して、時系列で投薬効果を可視化したものです。この「見える化」によって、従来は、医師が目視で、紙で出力したそれぞれの数値そのものを比較していた膨大な作業をしなくても、一目で投薬効果を把握することができるようになりました。

先進のBIを使ってアナログ的に分析すれば、治療成果が一目瞭然

図２−６の下側のグラフでは、上の３つのグラフの日付を合わせて配置しており、時系列で見た時の傾向が可視化されているので、専門知識のある医師には一義的に原因と結果が特

定できるはずです。この図の例でも、症状の劇的な改善が見られた数日前に投薬を生物学的製剤に変えており、血液検査炎症反応も自覚症状の改善と一致していると確認されたことから、新たな投薬が劇的な効果を招いたと特定できました。投薬日、検査実施日、自覚症状の変化が表れた日はすべて異なっているので、時系列傾向を俯瞰できなければ、治療とその効果の因果関係を特定するのは通常極めて困難です。また、同じ患者でも投薬や治療の効果はその時々で異なりますし、患者ごとに効果のある治療は異なりますから、多くの患者を同時に診ているすべての医師にとって、このようなツールがなければ治療効果の特定は極めて困難でした。

このように見たい結果を可視化したり、仮説検証作業をする際、類似した用途ごとにテンプレートと呼ばれるひな型を用意しておいて、その時々のニーズに合わせて改変して使えば、医療現場の効率は更に高まります。そういう使い勝手の良さも先進のＢＩツールの特徴です。

一般的なＩＴシステムの構築手法では、このようなデータ分析のデータウェアハウスやデータマートを構築するには膨大なコストと開発期間がかかるだけでなく、因果関係をわかり易く可視化したり、用途に合わせて手許で仮説検証する機能を持たせることはかなり困難

図2-5　必要なデータを抽出して「見える化」（データ検索）

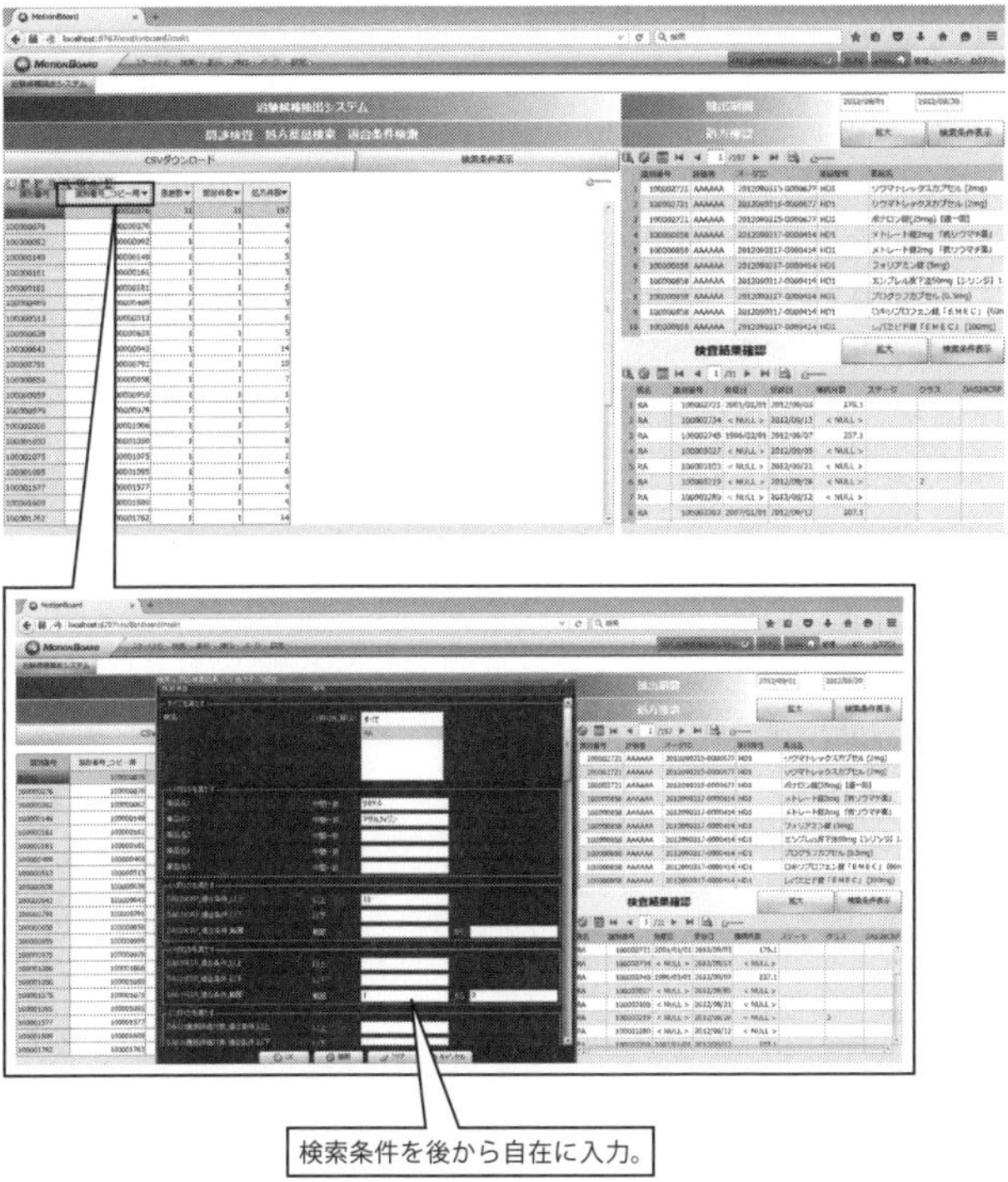

検索条件を指定して、複数のデータを比較対象として取り出したり、時系列での推移を取り出したりする。

図2-6　必要なデータを抽出して「見える化」（データの可視化）

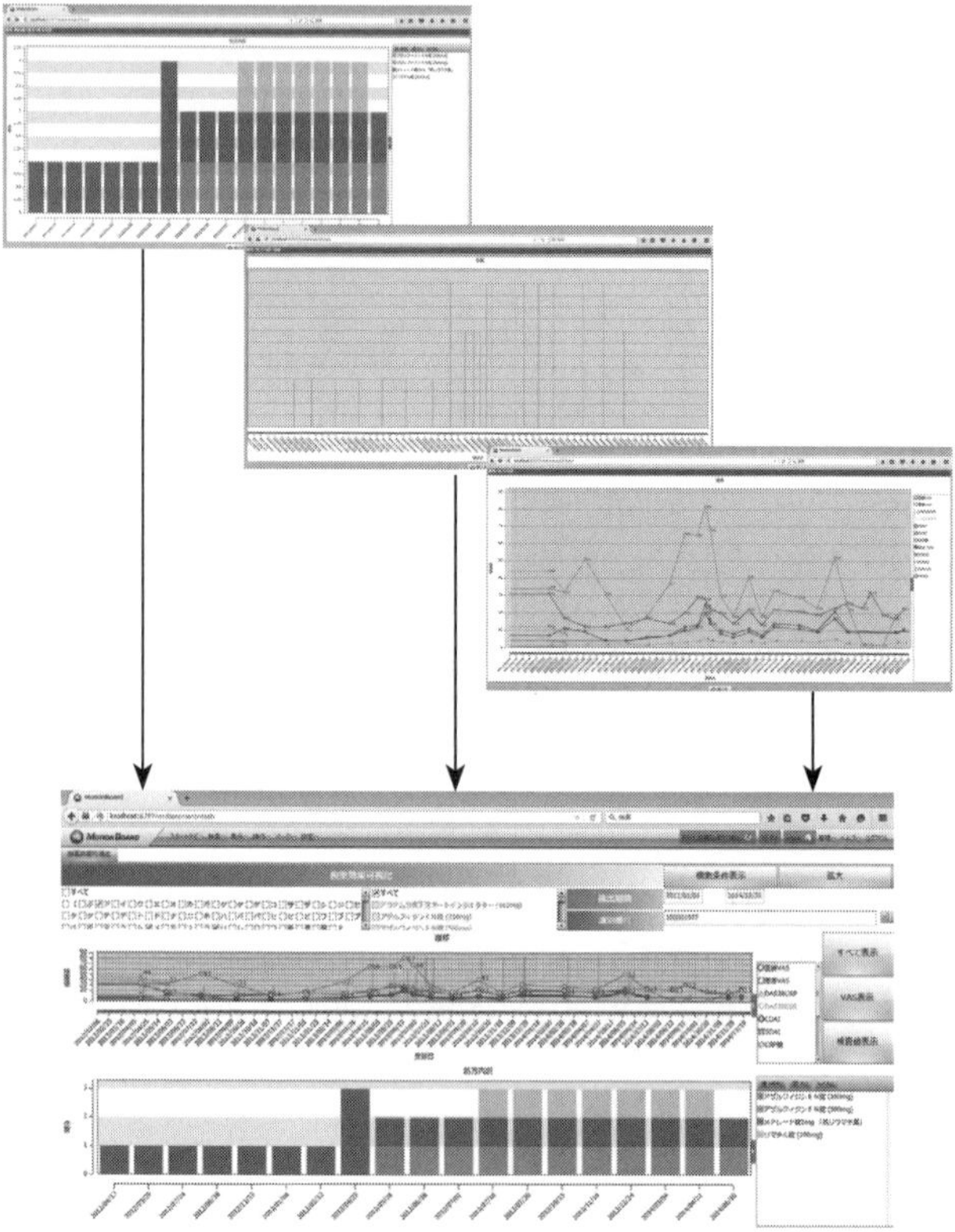

図表やグラフでの可視化を迅速に行う。投薬量の変化、検体検査の結果を問診システムの結果と時系列で比較できるよう、日付を合わせてグラフを配置して「見える化」したもの。

です。

尚、投薬効果の可視化については第3章でも紹介しますが、このようなBIを利用した、ある意味アナログ的な可視化によって、すべての慢性疾患の治療・投薬成果の可視化が可能となり、医療の質の改善につながるのは間違いありません。医師にとっても、自身の治療成果が一目瞭然となるこのツールは、医療そのものの在り方を変えるものになるでしょう。

様々な可視化が医療を変える

このような「見える化」の効用は、DPCの自由分析を通じた医業収支の改善や医療の質の向上にも及びます。詳しくは第3章で紹介しますが、ここでは、病院関係者の協働を通じたやりがいの向上について触れたいと思います。

トヨタをはじめ日本各地の工場で、TQCなどの小集団活動によって「カイゼン」が続けられた結果、自律的に顧客満足や最高品質を目指して日々成長する人と組織が育まれ、その現場は外部環境のあらゆる変化をも吸収して進化する力を身に付けました。例えば70年代のオイルショックや80年代のプラザ合意に端を発する円高は、その変化対応力があったからこそ乗り切ることができたのです。一方、もの作りの現場で培われた「カイゼン」する力、変化への対応力が、多くの職場でホワイトカラーの生産性向上力や変化への対応力に結びつかなかったために、失われた20年と言われる日本の産業・経済停滞を招いたのかも知れません。

しかし、もの作りで培われたノウハウを応用して、品質管理や商品企画、マーケティングや経理財務等の間接部門で「カイゼン」活動に取り組み、変化への対応力を身に付けた職場も存在します。それらの職場では、管理部門という最終製品を生み出さない仕事であるにもかかわらず、その成果を定量化してＰＤＣＡを回す経営管理能力を身に付け、生産性指標や仕事の質や価値を「見える化」することに成功しています。成功の要諦は、仕事の成果を定量化し、ＰＤＣＡを回したことです。必ずしもＢＩツールを活用せずにそれを実現している職場もありますが、知的活動の生産性を向上させる点でＢＩツールがぴったり当てはまるプロセスであり、このことは、病院のすべての仕事の生産性向上への示唆に富んでいます。

ホワイトカラー職場での生産性向上活動は、もの作り現場と同様、変化への対応力も生みました。変化に適応する者だけが生き延びることができるという、いわゆる適者生存力を身に付けたのです。病院を取り巻く経営環境が劇的に変化していこうとしている今の時代には、この能力こそが最も価値あるものの一つになるはずです。

ビッグデータや人工知能がすべて答えてくれるというのは幻想

テクノロジーの進化に伴ってＩＴ業界の一部に「人は考えなくてもいい、人工知能やビッグデータがすべての答えを出してくれる」という乱暴な主張をする人たちがいます。実態としての相関が皆無でも統計的には相関が極めて高い、あるいはその逆の結果が稀に出ることは、統計学の世界で報告されていることです。人工知能はその間違いも認識して補正できるのだと主張することもできますが、人工知能を含めてテクノロジーを利用するのは人間であり、使い方を誤れば、あるいは悪意があれば悲劇を招くことは歴史が証明しています。

正しい使われ方がされているかは、人類の英知でしか判断できませんし、それをコンピュータに委ねた瞬間から、人類は映画『２００１年宇宙の旅』や『マトリックス』で描かれた世界に足を踏み入れてしまいます。そこは、コンピュータが自身の生存のために人類を支配し、その秩序を乱す者を攻撃する世界です。

若干脱線しますが、技術的特異点（Technological Singularity）という、人工知能が2045年までには人類を超え、それ以降の世の中は予測不能になる特異点が訪れるとする理論が、科学者や哲学者の間でも最近話題になっています（技術的特異点が訪れるのは2029年が正しいとする説もあります）。世界の高名な学者たちは、SF映画の世界が荒唐無稽だとは言い切れないと大真面目に主張しているのですが、実際にそうなった時こそ、人類の英知の本当の価値が試されるのです。

本題に戻りますと、データが大量になると医療では逆に、変曲点や特異点が見えなくなることが観測されています。例えば薬効成分の効き方も効く時期も人それぞれで違うために、大人数のデータを統合すると変化が相殺されて〝薬効は観測されない〟という結果が出ることもあります。ここでも、現場の知見を豊富に持つ人たちが、仮説検証をその場でできて思考の生産性を高める先進のBIを活用することで、本当の原因を探り当てることができるはずです。ビッグデータや人工知能が万能でないことは、技術に関する普遍的な価値観やいくつかの事例を踏まえると当然のことだと言えます。また、医療の世界において、終末期医療をいつまで続けるか、その費用対効果はどの程度か、という「医は仁術」と対立しかねない難題を前にした時、ビッグデータや人工知能は明らかに無力です。

ＢＩツールの有効性の議論が長くなりましたが、第2章の最後に、まだ紹介していない「カイゼン」の手法や考え方のうち、代表的なものをまとめて紹介します。

具体的な「カイゼン」手法は多種多様

既に議論してきたムダやムリの排除以外で、トヨタの生産システムから発展した「カイゼン」手法を更にいくつか見ていきましょう。アメリカで体系化されて逆輸入された方法論のうち〝Ａ３プロセス〟にも触れます。

◆ムラの排除

ムラとは、負荷や仕事量が大きく変動したり、プロセスや作業にバラツキがあることを指します。ムラが存在する時、負荷や仕事量が最大のところでキャパシティを保持しておけば、機会損失は防ぐことができる代わりにコスト増を招きます。逆に、キャパシティを最小にしておけば、コスト増を防ぐことができる代償として機会損失を招きます。これらのムダや機会損失を回避する主要な解決策は、プロセス間での負荷の偏りを解消する平準化と、作業の標準化です。

医療機関で負荷にバラツキが出る最大の原因は、需要、即ち患者の来院がランダムに発生することによるものですから、そこにムラがあるのは必然であり、需要の発生そのものをコントロールするのは、一病院では手に負えません。しかし、地域医療連携が機能していれば、供給側の分散によって需要のムラをかなり吸収することができるようになります。健康診断事業との連携によっても、より合理的に需要の平準化を実現できますが、それらは解決しうる今後の課題と言えるでしょう。

製造業では、需要変動に対処する方法として、少量多品種あるいは一個流し生産を実現するいくつかの方法論があります。病院内で実践できることとしては、負荷を分散させるスケジューリング、多能工化、設備の汎用化や段取り時間の短縮、並列作業の工夫等を手段として挙げることができます。即ち、医師やスタッフが多種類の治療や処置に習熟することで、日々異なる需要が発生する症例に効率的に対応できます。それによって手待ちのムダも省けますし、深夜・徹夜の残業を削減することで医療品質も確実に向上します。また、医療設備の汎用化や段取り替えの効率化によって、より少ない設備で様々な治療を行うことも可能になります。例えば、腹腔鏡手術器具は手術の都度、解体、煮沸消毒、再組み立てをしなければなりませんが、解体と再組み立てにそれぞれ1時間もかかっているのが現状です。この時間（段取り替えのタクトタイム）を短縮することでボトルネックの解消にもつながり、リードタイムの短縮や平準化に大きく寄与します。もの作りの現場ではかつて、導入当初は4時間もかかっていた段取り替えを数分にまで短縮するような、限界を何度も超えて行く激烈な「カイゼン」が当たり前でした。それによって多品種少量生産を実現して、世界を席巻する自動車や電子機器の競争力を身に付けていったのです。

標準化を進めるには、標準（＝目標）と現状のギャップ分析をして、そのギャップを埋めていく施策を立案し、実行するプロセスを繰り返します。標準化の推進とは即ち、ＰＤＣＡ経営を回していくことであり、ムラを排除して、品質改善と効率化を実現することです。また、それによって医療現場では、治療のガイドラインやクリニカルパスを定めることにつながっていきます。

◆「なぜ」を五回繰り返して問題を分解

「一つの事象に対して、〝五回のなぜ〟をぶつけてみたことはあるだろうか。〝五回のなぜ〟を自問自答することによって、ものごとの因果関係や、その裏にひそむ本当の原因を突きとめることができるのだ」

これは、トヨタ生産方式の生みの親と称される大野耐一の名言であり「カイゼン」の原点です。問題が起きた時、あるいは改善策を講じようとする時、原因の突きとめが不十分だと、立案される対策は効果がないのです。そこで〝五回のなぜ〟を愚鈍に、かつ徹底して繰り返すことが必須です。指示命令や慣例に従うだけの組織や人は、とんでもない間違いを引き起こしてしまうものですが、考える組織や人は大きな間違いをすることはありませんし、間違いを修復する力を持っています。

◆自働化

自働化とは、機械や人が不良品を作り出す原因を検出した時、自動停止するシステムや仕組みを入れて、自律的に不良の発生を撲滅する状態にすることです。自分自身が「働く」と書いて、「見える化」による自律改善の含意があります。生産ラインを自動停止すれば工場の機械騒音がなくなりますので、緊急事態の発生が誰の目にも明らかになることを狙っています。工場で異常を知らせるサイレンが点滅した時は、即座に現場の班長や品質管理など関連部署のスタッフが駆けつけて異常の排除と原因究明をしなければなりません。

不良を発生させない自働化の工夫や仕組みは、もの作りの工場では随所に見られます。間違った部品は接続しようとしてもできないように形状を変えておくような、不良を絶対に発生させない仕組みを随所に作り込んでおくノウハウは、既に医療の現場でも広範に取り入れられています。ゼロディフェクト（不良ゼロ）を目指す医療現場では、徹底して取り組むべき「カイゼン」です。

◆PDCA

既に再三にわたって、ＰＤＣＡを回すことが重要だと指摘してきましたが、これは、「カイゼン」を継続して変化に適応できる組織を作るのに必須の概念であり、方法論です。

ＰＤＣＡ（Plan, Do, Check, Action）とは、「カイゼン」を計画し、計画に則って実行し、業務が計画通りに実施できたかを確認して、できなかったことの原因分析をし、新たな「カイゼン」計画や施策を策定するという一連のプロセスを、継続して回していく「カイゼン」活動と言えます。

目標管理を機能させるものでもあり、弛まぬ「カイゼン」を続けて進化し続ける組織を作る手段でもあり、すべての経営管理の要諦と言えるでしょう。

◆Ａ３プロセス

Ａ３プロセスとは、「組織が向き合う問題ならそれがどんなものであっても１枚の紙にまとめられるし、また、そうしなければならない。１枚の紙にまとめることで、その問題に関わる誰もが同じレンズを通してそれを見ることができるようになる（『トヨタ式Ａ３プロセスで仕事改革』ジョン・シュック著／成沢俊子訳から引用）」というトヨタの「カイゼン」思想を織り込んだ目標管理ツールです。問題解決の手順をまとめる１枚の紙としてＡ３サイズの用紙を使うことから〝Ａ３プロセス〟と呼ばれています。Ａ３用紙１枚に整理することで、問題から学ぶ思考を身に付けながら、組織マネージメントに方針管理を浸透させることを狙っています。何を、いつまでに、どれだけ、誰が達成するかの目標を明確に定めているので、個々人や各組織が取り組んでいる目標や背景が他者、他部門にも理解されて、組織内のベクトルが揃う効果をあわせ持つプロセスです。

思想でありノウハウなので、その全貌を一言で述べるのは簡単ではありませんが、Ａ３に盛り込むべき内容を理解しておけば、実践することは難しくありません。その内容は、掲げた番号順に整理していっても、ランダムにまとめていっても構いません。

重要なのは、関係者全員がＡ３の内容を理解し合意してから、施策実行に着手することです。ただし、決めた内容は途中で変更していっても構いません。むしろ常にＰＤＣＡを回して施策をブラッシュアップし、目標の再設定をしたり実行計画の見直しをしていくことが取り組みをうまく進めるのに必要です。変更する時には、その理由を明らかにして、全員の合意を取っておくことはやはり欠かせません。

①解決すべき問題・課題、あるいはありたい姿・目標を簡潔に設定する
②問題・課題だと考えている背景、こうありたいと願っている理由、背景を整理する
③ファクトベースで現状の全体像をまとめる
④ファクトを踏まえて、改めて目指す姿・ゴールを明確に、即ち定量的に設定する
⑤現状と目指す姿とのギャップを分析する（フィッシュボーンツリーなどにまとめる）
⑥ギャップを埋める具体的な対策を立案する
⑦決めた対策の実行計画の詳細をまとめる（何を、いつまでに、どれくらいのレベルまで、誰が責任を持って、どういう体制で進め、誰が対策の進捗状況のレビューをするか、のすべてを盛り込む）
⑧チェック、モニタリングの内容・評価基準、頻度を定めておく

「カイゼン」しようとしてよく犯す間違いは、思い込みで施策を定めてやってみて、ダメだと思ったら違う施策に取りかかるという、思いつきの愚行を繰り返すことです。これしかない、とふっと思いついた施策は取りかかる前にA３プロセスの⑦として書き込み、他の①～

⑥の項目を埋めてみると、いいアイディアか愚にもつかない思いつきかが一目瞭然となります。自身が今進めている「カイゼン」施策についても、何かをやっていないと気が済まずに周りを巻き込んでしまう、活動量がやたら多い人が進めているような「カイゼン」施策についても、Ａ３に整理してみると、その多くがまったくピントのズレた施策であることが判明してしまいます。

このＡ３プロセスは今すぐ試してみることをお勧めします。「走りながら考える」「考える前に行動する」「スピードがすべて」などという威勢のいい掛け声に押されてとにかく突っ走っている――そんな組織は、時々Ａ３を使って整理すると、そのまま突っ走っていいのかどうかが見えてくるはずです。

自律的な強い組織

第2章では、トヨタ生産システムとそこから発展した「カイゼン」の取り組みを参考にしながら、医療現場での「カイゼン」の考え方や事例を整理してきました。それを踏まえた上で、最高の医療を提供する営みを続けていくために最も重要なのは、人の心の持ちようであり、変化に対応して進化して行く能力と経験です。今までの議論で明らかなように、それらは価値ある経営理念のもとで弛まずに続けられる「カイゼン」活動によって育まれ、「見える化」を進めることで強化されていきます。「見える化」は、自身の仕事の価値を自身が知ることでもあり、それによって仕事力が身に付いていくとともに、自身の仕事の価値に誇りを持つことでもあります。そして、その「見える化」で他者、他部門の仕事の価値がわかれば、信頼と尊敬が生まれ、更に目標達成に向けた協働の中で何を分担しあうかも明確になって、志を共有する価値ある協働が組織全体で動き始めます。そして、外部環境の変化や脅威に立ち向かえる自律的な組織がそこから作られていきます。そうすれば、医師を頂点とする硬直的な組織は、柔軟かつ目標管理が機能する組織に変貌していくでしょう。

「神の手」を持つと言われる伝説的な外科医や高名な専門医がいれば経営が成り立つほど、病院の経営環境は甘くない時代です。むしろ協働が機能して、モチベーションの高いスタッフが目を輝かせて働く病院は、評判を呼んで集患につながるのは勿論、いい医師やスタッフが集まり、定着して、ますますいい病院になっていく――それが病院経営の目指すべき姿です。

第3章

治療成績をデータで「見える化」。経営を改善しつつ「医療の質」を向上させるイノベーションとは

第3章では、医療の現場で実践され、効果が確認されている「見える化」の具体例を詳しく紹介していきます。先進のBIツールを利用してデータをつなげ、様々な切り口から可視化することで、医療のアウトカムや「ムダ・ムラ・ムリ」、そして「カイゼン」の糸口が見えてきます。的確な「見える化」には的確な着眼点が必要ですから、実際に活用されている事例やテンプレート（分析や可視化するためのひな型）はノウハウの塊です。一方で、先進のBIツールには、ひな型であるテンプレートを特定用途に合わせてその場ですぐに改変（カスタマイズ）できる柔軟性と、比較的簡単に誰もが使いこなせる容易性があります。これから紹介するテンプレートは、多様性に富む医療現場の様々な課題解決に応用することができます。

診療成果の「見える化」（治験候補者抽出／投薬効果の可視化テンプレート）

ＢＩ（Business Intelligence）ツールとは、現場の知見を持つ者が組織内のデータを収集、蓄積、分析、可視化して、適切な意思決定ができるよう支援するＩＴソフトウェアです。優れた意思決定を導き出すには、必要なデータだけを適切にすばやく抽出し、統合したり比較したりして、相関や傾向を掴むことが欠かせません。そのために、ＢＩツールを活用して、様々な切り口で分析する多次元分析、データを詳細に掘り下げるドリルダウンなどの多角的な分析を駆使していきます。各種シミュレーションや未来予測、予兆検知などにも利用できます。

先進のＢＩツールとしては、特定の部門やユーザーの業務ニーズに合わせて、必要なデータだけを抜き出した専用のデータベース（データマート）を、ＩＴリテラシーのない人でも簡単にその場で作れる利便性を持っています。また、データ抽出条件を自在に変化させて、様々な切り口からの可視化や仮説検証をその場でできる使い勝手の良さがあり、現場の知見を最大限活かせるのが特徴です。更に、比較や傾向分析を容易にするひな型（テンプレート）を用意しておくことで、仮説検証や意思決定の生産性を向上させることができます。最近では、組織内データと第三者のデータ、更にオープンデータを自在に組み合わせて分析できる先進のＢＩツールも登場して、利用の幅が広がっています。

このようなデータ分析をするためには、通常は大規模なデータベースやデータウェアハウスと呼ばれるＩＴシステムを構築した上で、ＩＴの専門家が現場から要望される個別の分析ニーズ専用のデータマートを都度設計するか、小規模なデータセットだけを抜き出してＥＸＣＥＬやＡＣＣＥＳＳにデータを都度手入力するか、のいずれかで対応しています。前者のやり方では、新たな切り口でたった一つ分析するにも数週間、数カ月かかるのが普通ですし、後者では、膨大な手作業を繰り返さなければならないにもかかわらず、分析できることが極めて限られます。従って、先進のＢＩツールは、ある程度まとまった量のデータを現場で分析、「見える化」して、仮説検証や意思決定をその場で実行したいという、大規模から中小規模までの病院のニーズに適合しています。

◆治験候補者の選出をワンクリックで

先進のＢＩツールの特徴や利便性がよくわかる事例として、まずは、治験候補者を漏れなくワンクリックで抽出してしまうＢＩテンプレートを紹介します。

治験条件は年々複雑かつ多様化しており、第Ⅱ相試験であっても候補者の選出は以前よりかなり難しくなってきています。治験の受託は病院の収益に大きく貢献するため、コストをかけずに治験候補者を確実に抽出できれば、病院にとってのメリットは非常に大きいでしょう。

治験候補者をスクリーニングする際、多くの病院では医師や治験事務局の担当者が、電子カルテ、血液検査等の結果、問診システムなどからデータを紙やＥＸＣＥＬに出力して、治験の適合条件に合致するかどうかを手作業で確認しているのが実態です。それだけでも膨大な工数を要しますが、スクリーニングの結果、候補者数に過不足が出ると、条件を変えて抽出とスクリーニングの作業を繰り返さなければなりません。ＥＴＬと先進のＢＩツールを使えば、このような煩雑な作業は自働化することができます。図３−１は、その自働化を可能にしたＢＩテンプレートです。まずはスクリーニングするために必要なデータを保持しているいくつかのＩＴシステムやデータベースから、ＥＴＬツールを使って、このＢＩテンプレートにデータを取り込みます。その後、このＢＩテンプレートに搭載している検索条件設定のダイアログボックスに検査数値等の範囲を入力してＥＮＴＥＲキーを押せば、条件に合致する候補者リストが即座に漏れなく得られます。

通常、必要なデータの取得は電子カルテ、検体検査システム、診療科ごとの問診システム、DPCからで大体賄えますから、ノンプログラミングのETLと先進のBIツールを使えば、かなり簡単にデータベースを構築できます。また、先進のBIツールによって、必要なデータの抽出条件をその場で様々に変更して検索する機能も簡単に設定できます。

図3−1について詳細に補足します。リウマチを患う患者の中から治験候補者を選ぶために、電子カルテからは投薬履歴や年齢・性別・罹病期間などの患者情報を、検体検査システムからは血液検査結果を、問診システムからは痛みの箇所や強さから算定した指数を取り込み、それらのデータを患者IDをキーとしてつながるようにしています。また、取り込んだすべてのデータ項目を一覧で並べておける、このBIテンプレートを一度作ってしまえば、リウマチ疾患の患者を対象とするほぼすべての治験で、候補者を即座に漏れなく抽出することができるようになります。他の疾患を対象者として抽出する必要があれば、その問診システムのデータを新たに取り込めば事足ります。

このBIテンプレートでは、3つのITシステムから取り込んだデータは実際には統合せ

図3-1　治験候補者抽出

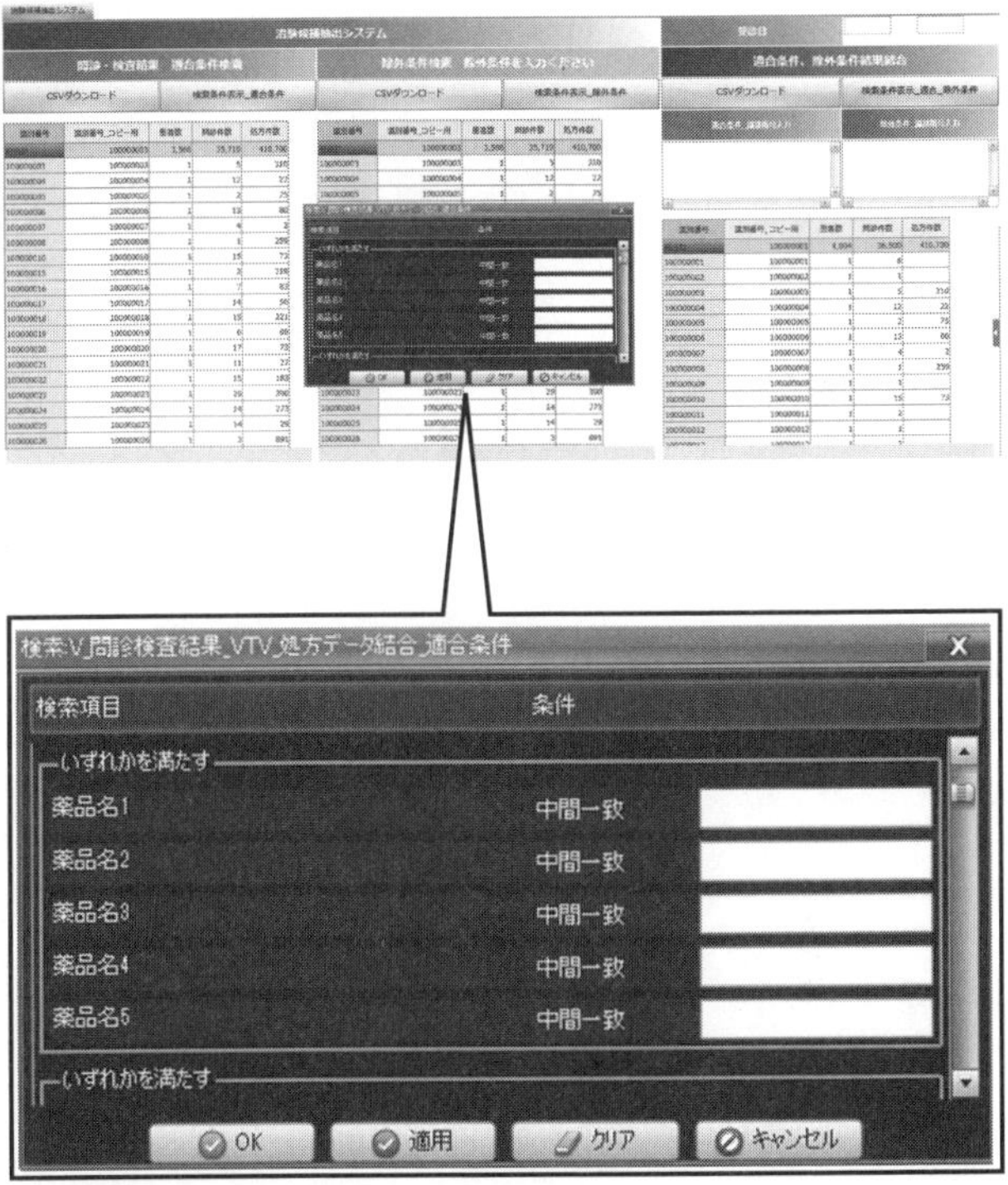

任意の検索条件を自在に入力できるダイアログボックス。
白抜き部分に○○以上△△以下などの数値を後から入れられる。

ずに別々に格納しており、データベースを新たに構築する煩雑さを省いています。それでも先進のBIツールを使えば、検索条件にすべて合致する患者IDを特定することができるので、ワンクリックで治験候補者が選定されます。この仕組みを従来のシステムインテグレーションで実現しようとすれば、莫大な費用と開発期間が治験のたびにかかってしまいます。因みにこのBIテンプレートは、医師の要望をヒアリングしてからほぼ半日で作成したものであり、先進のBIの使い勝手の良さが際立ちます。

図3−2は、先のBIテンプレート同様、データの抽出条件をダイアログボックスに入力し、それぞれの検索結果を表示するものですが、検索条件に適合した患者の詳細なデータを確認できるように、ドリルダウンした結果を右側に表示させています。先進のBIには標準搭載されている機能ですが、これによって、抽出された結果が正しいかを念のために確認できますし、検索条件を変化させた場合に候補者数がどう変化するかの目算も可能になります。

図3-2　治験候補者情報のドリルダウン

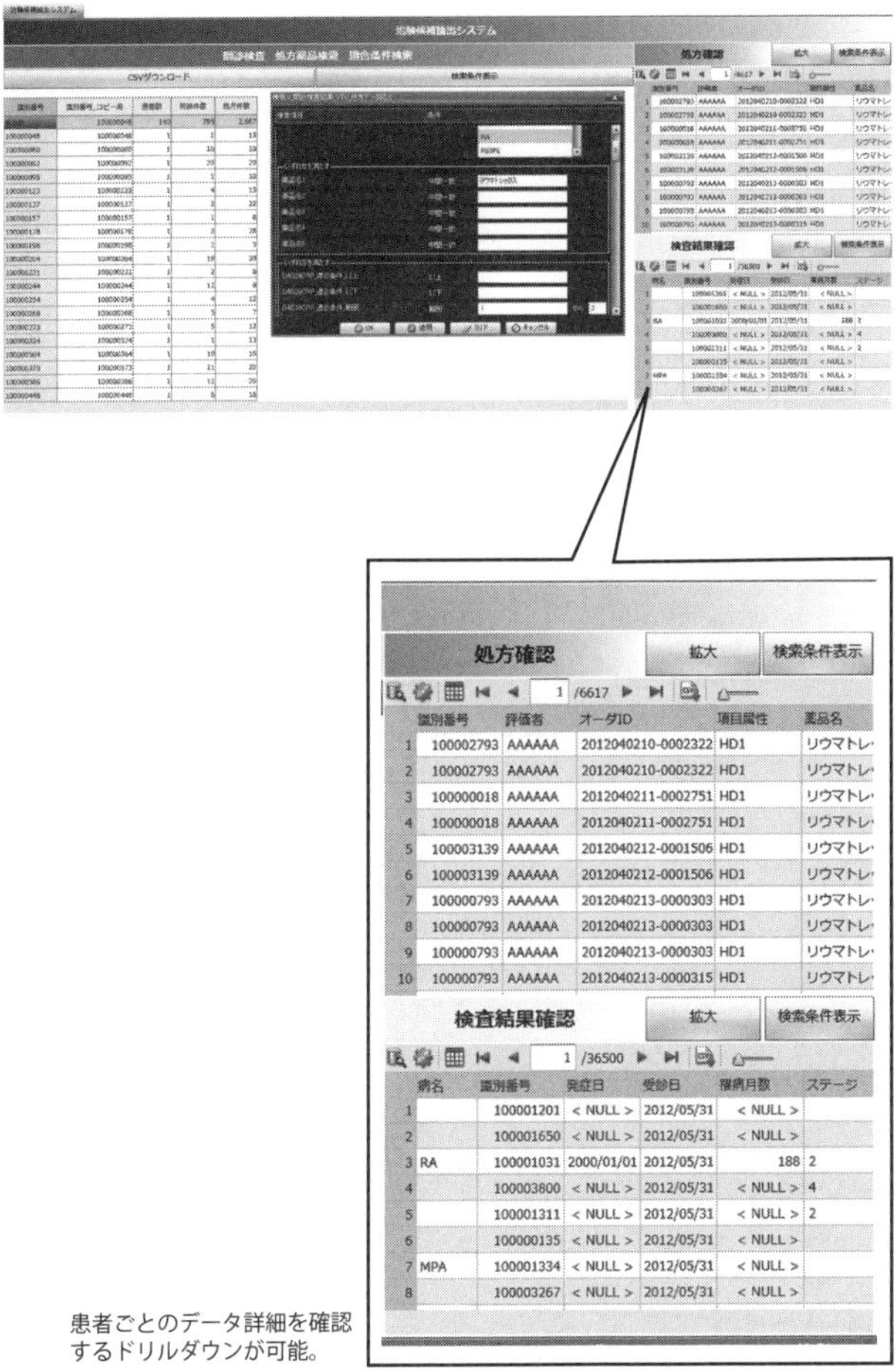

患者ごとのデータ詳細を確認するドリルダウンが可能。

◆先進のBIがあれば、投薬効果は一目瞭然

慢性期疾患において、長期にわたり投薬している薬の処方件数と、各検査結果や問診結果を時系列でグラフ化して、すべてを俯瞰できるように重ねて表示したものが図3―3です。上段のグラフの中で、折れ線グラフが検査結果と問診結果、棒グラフが投薬のタイミングを表します。下段の棒グラフは上段の投薬のタイミングに対応しており、処方の件数と投薬の内訳を積み上げ棒グラフにしたものです。このように複数のデータを時系列で一覧化することによって、問診結果に示された症状の変化を検体検査数値の変化と関連づけながら、どの処方がどのように効いたかを一目で把握することができます。

処方薬を変えたタイミング、問診システムでその結果が表れたタイミング、検体検査結果が得られたタイミングは、通常すべて異なっています。投薬効果がすぐ表れるとは限らず、また問診システムに痛みを入力するのは症状が落ち着いた後かも知れません。症状の改善が血液に表れたのは検体検査の翌日だったのかも知れません。こうしたタイムラグは同じ患者でもその時々で異なるでしょうし、個人差もあるので、投薬、血液検体、症状変化の因果関係を一意に計算式で導き出すには膨大なシミュレーションが必要となり、それをＩＴシステ

図3-3　投薬効果の可視化

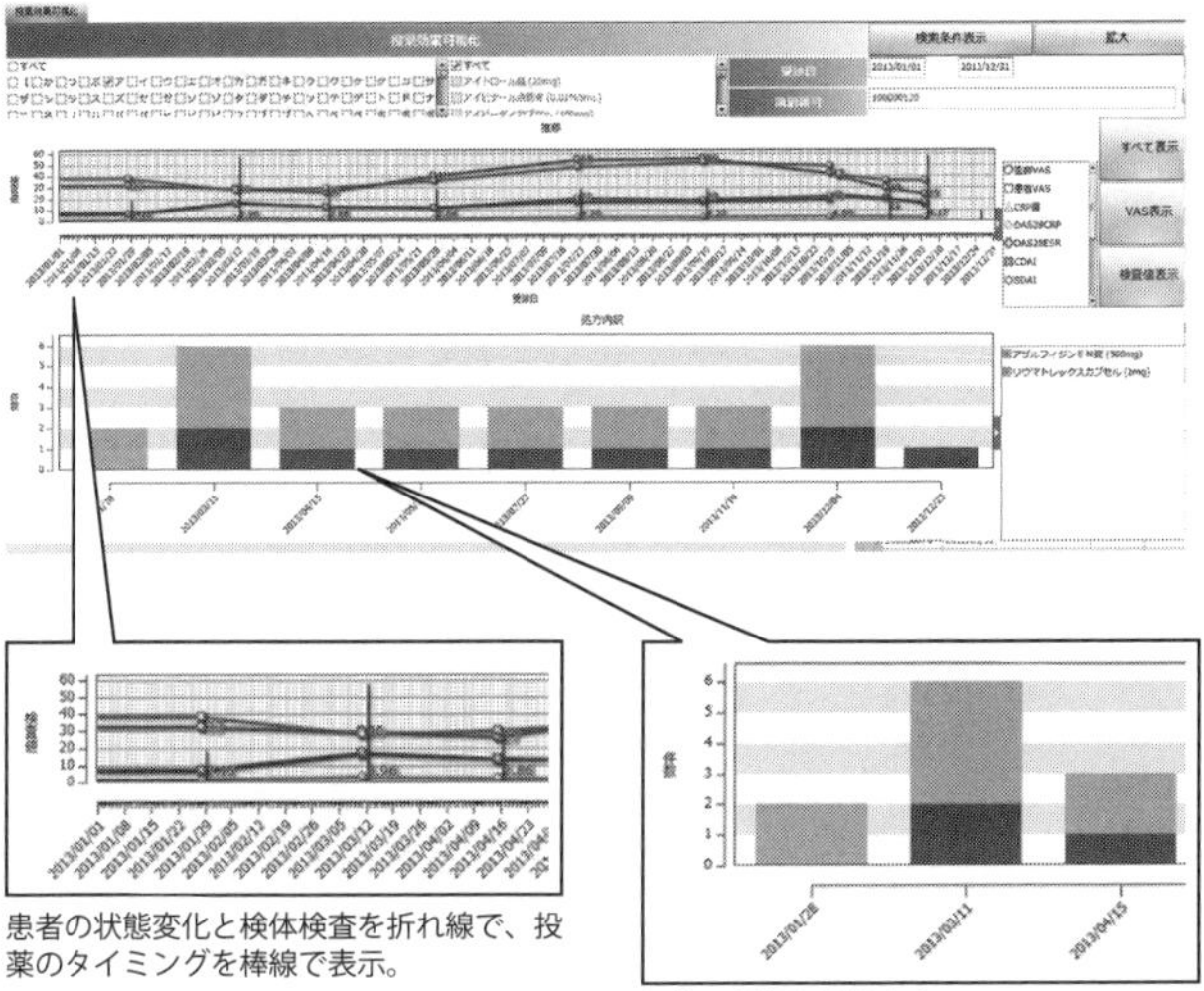

患者の状態変化と検体検査を折れ線で、投薬のタイミングを棒線で表示。

投薬の種類と件数を表示。

上部の折れ線グラフ（＝患者の状態の変化）と下部の積み上げ棒グラフ（＝処方の経緯）を比較することによって、投薬効果が把握できる。

ムに落とし込むのは極めて困難でしょう。しかし、このようなＢＩテンプレートで「見える化」していれば、医師なら即座に因果関係を把握できます。

◆患者による投薬効果差異の可視化

図３−４は、上段と下段に分けて、二人のリウマチ疾患の患者に異なる抗リウマチ薬を投薬した時の患者の状態（患者・医師ＶＡＳ、ＤＡＳ28、検体検査値等）を時系列で表示しています。これは、症状が類似する患者間での投薬効果の違いや、異なる症状の患者でも類似の投薬効果が得られるかなど、様々に比較検証するテンプレートとして活用することができます。

また、投薬の種類を変化させていく時に、医師と患者が類似の症状の、別の患者の投薬効果を参考にしながら治療や処方を決めていく、インフォームドコンセントのツールとしても利用することができます。

図3-4　患者別の投薬効果の比較

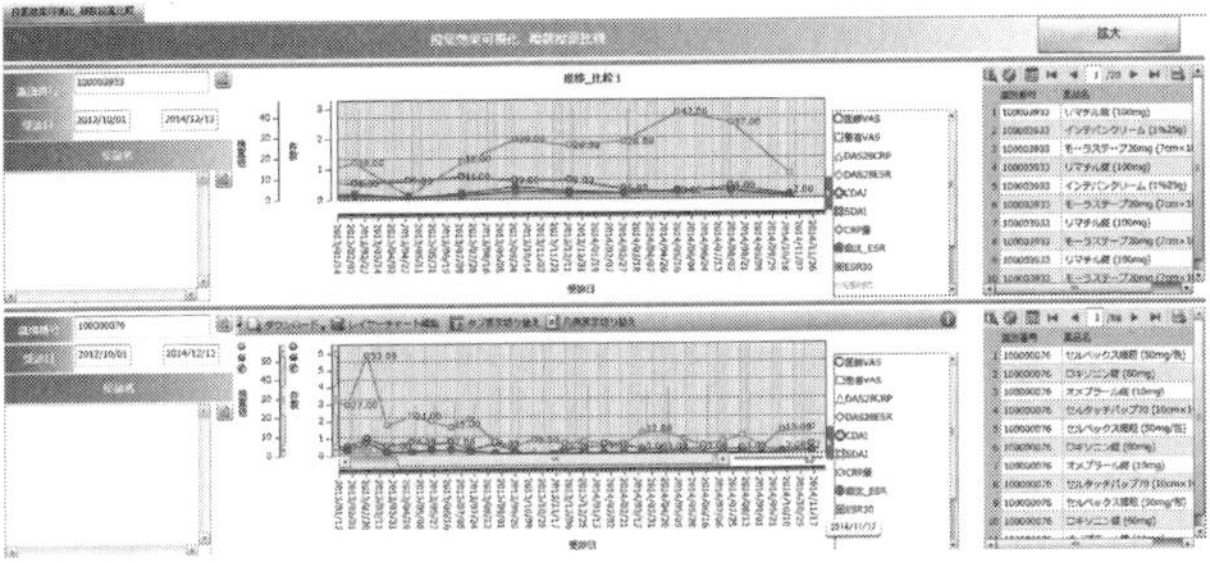

複数患者の投薬効果の推移を容易に比較することが可能となる。
●上段：多量の薬剤投与を断続的に実施したが、痛みが改善していない。
●下段：通常量の薬剤投与後すぐに痛みが改善し、その後も症状が安定している。。

図3-5　不特定多数の投薬効果の可視化

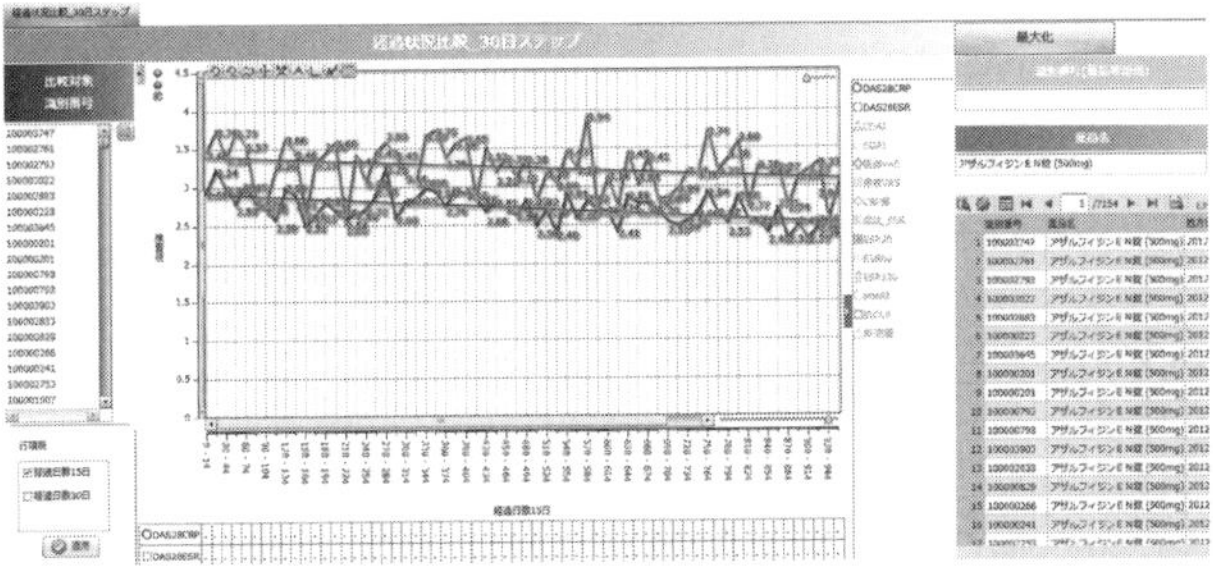

複数人分の投薬効果の時系列変化を表示。

◆不特定多数の投薬効果の可視化

図3−5は、不特定多数の患者の投薬効果を可視化したものです。不特定多数の患者への投薬開始日を起点として、15日刻みで投薬効果の平均値を表示しており、薬剤ごとのおおまかな薬効の把握ができるBIテンプレートです。

このBIテンプレートではバラツキや偏りを把握できないので、箱ひげ図にすることでそれらを可視化したのが図3−6です。この箱ひげ図は、最上段と最下段の横棒がそれぞれ検査数値の最大値と最小値を表し、長方形の上辺と下辺がそれぞれ第3四分位点と第1四分位点を表し、長方形の中央の線は中央値を表します。第3四分位点とは、測定値を小さい順に並べたときの小さいほうから75%目の値で、第1四分位点とは、同じように小さいほうから25%目の値、中央値は50%目に当たります。

これにより、通常はヒストグラムを個別に書かなければわからない偏りも、このチャートを見れば、中央値が下に寄っている、中央値からの25%は幅が狭いので山が高い、最大値と最小値が大きく広がっているのですそ野が広いなど、ある程度の傾向をまとめて読み取るこ

図3-6　不特定多数の投薬効果の可視化（箱ひげ図）

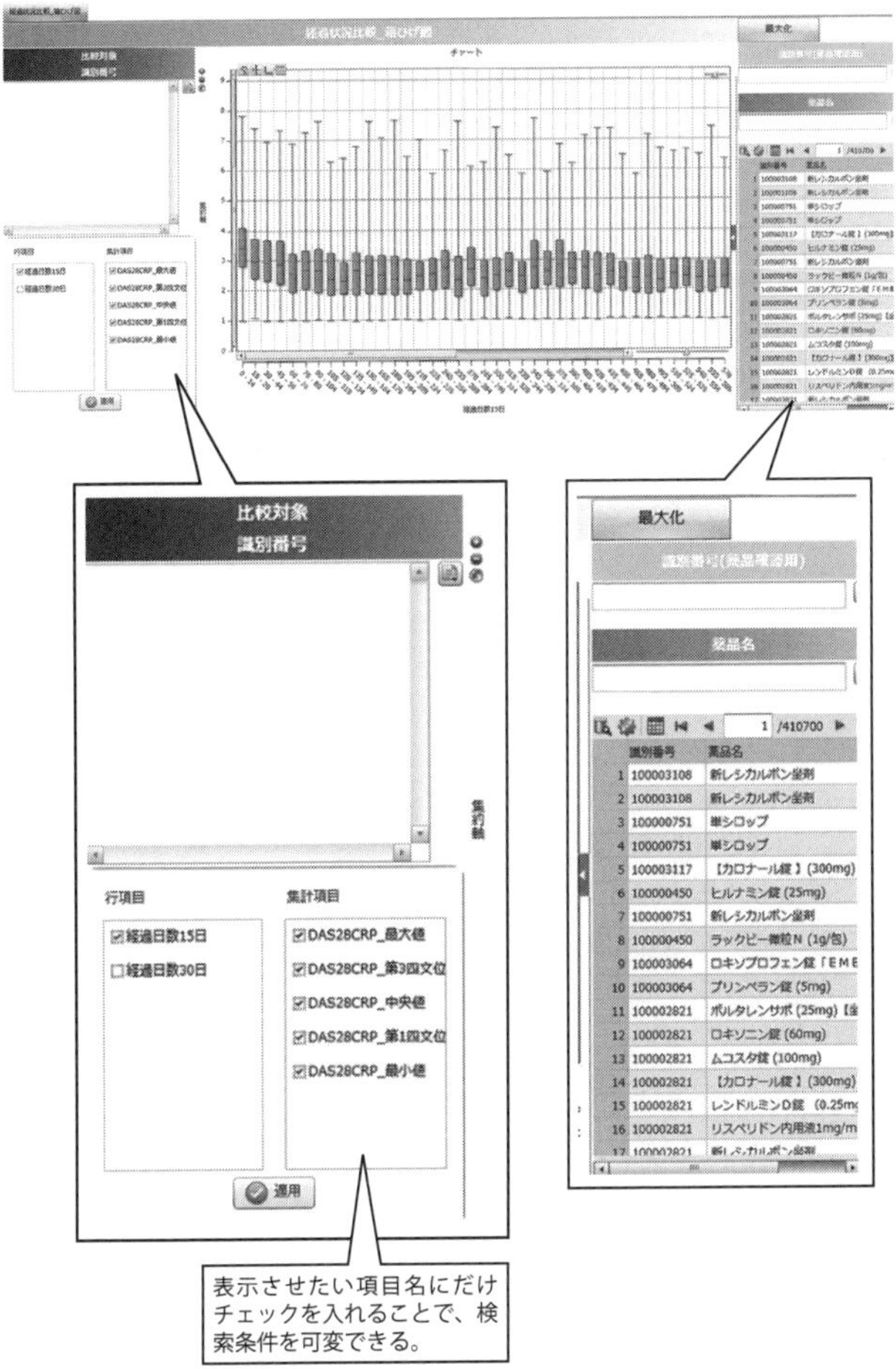

とができるようになります。これはあくまでも仮説のためのインスピレーションを得るものですが、医師が仮説を立て、それに基づいて調査をし、統計的な処理をして仮説を検証していくプロセスにおいて、その生産性を大きく高めることができる「見える化」のためのＢＩテンプレートです。

ここまでに紹介した診療成果の「見える化」のテンプレートは、リウマチ疾患を例にしていますが、他の慢性病をはじめとして様々な治療成果、投薬効果の「見える化」に適用可能です。実際、内臓疾患の治療成績を「見える化」したテンプレートに応用されて、既に利用が進んでいます。

先進のＢＩツールを利用したテンプレートは、このように柔軟に様々な用途に応用できる利点があります。また、今までのＩＴシステムのようにわずかな仕様や条件の変更に数カ月を要したり、数千万、数億円の費用がかかることもありません。ノンプログラミングのＥＴＬと先進のＢＩツールをベースに作られたテンプレートを利用すれば、ＩＴの専門家でなくても手許で自在に分析、仮説検証、可視化が可能です。医師や病院経営者、看護師自らが、自身の仕事の成果を確かめながら、更なる「カイゼン」を進めていくことができるようになります。

業務の「見える化」（手術室稼働可視化テンプレート）

◆手術室稼働状況の可視化

一般的にＤＰＣ適用及びそれに準じる規模の病院は、収入の５割以上を手術とその後の入院治療に依存していると言われています。また、手術そのものは包括支払い対象外の出来高払いなので、手術室の稼働率を上げていくのは経営上の大きな課題です。

手術室の稼働率を把握するためのデータは、通常複数のＩＴシステムに分散していますので、ここでもやはり先進のＢＩでデータをつなげて、可視化することが必要です。可視化すれば、問題はすぐに顕在化してきます。

◆手術室の予定と実績時間の差異分析

図３−７は手術の実施時間実績と、見積もり時間との差を算出してグラフ化したテンプ

図3-7　手術室予定 vs 実績　差異

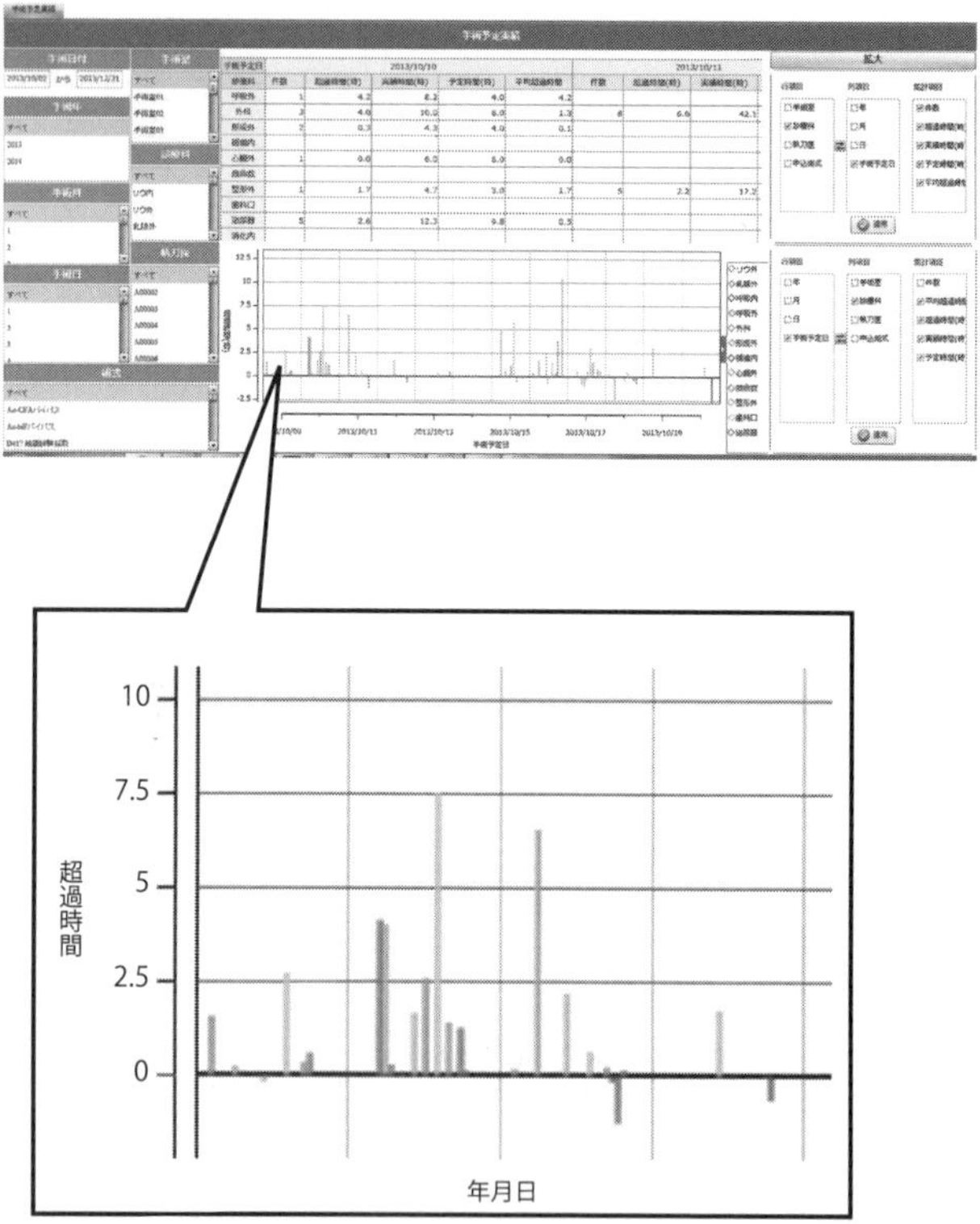

予定時間と実績時間の差異を診療科ごとに棒グラフで表示。マイナスは実績時間が予定時間を下回っていることを表す。差異が小さいのが理想。ここでは診療科別に時系列推移を可視化している。

レートです。このテンプレートでは、予定と実績の差を診療科ごと、医師ごと、術式ごと等々、分析の用途に合わせて自在に「見える化」することが可能です。このテンプレートから、例えばどの医師が見積もり時間をいつも過大に申告しているか、どの術式でいつも予定時間を大幅に超過しているか、どの診療科の手術の効率化を図るべきかが特定できます。

このテンプレートによって問題を把握して改善を図れば、手術室の稼働率を上げるだけでなく、手術の遅延による残業を削減したり、シフトの組み替えで起こるスタッフのミスマッチによる質の低下も防ぐことができるでしょう。

◆手術室の空き時間分析

図３－８は、手術室の利用時間の実績データを手術管理システムから取得し、ガントチャートで表現したＢＩテンプレートです。横軸は、患者入／退室、麻酔開始／終了、手術開始／終了を表し、縦軸には手術室を配置しています。このチャートから、手術と手術の間隔が空き過ぎている、患者入室・麻酔・手術の各工程から次の工程に移る間の待ち時間が長いなどの問題点がまず把握できます。次にこの内容を明細表にリンクさせることで詳細を確

認し、「カイゼン」点をより詳細に把握していきます。

例えば患者入室から麻酔開始まで時間がかかっている箇所は、腹腔鏡手術用の器材洗浄・組み立ての時間に充てられていたことが判明し、患者入室前あるいは手術室外で器材の準備をしておけば、稼働率を向上できることがわかりました。麻酔から手術開始までに長時間を要しているのは、麻酔の方式によって効くまでの時間にバラツキがあったり、麻酔医の研修をそこで行っていたためでした。バラツキがある事象は、ＢＩツールによる分析で傾向を掴まえ、スケジューリングに活かすことで、稼働率向上に資するでしょう。原因がわかれば「カイゼン」策は自ずと導き出されます。

図3-8　手術室稼働状況を表すガントチャート

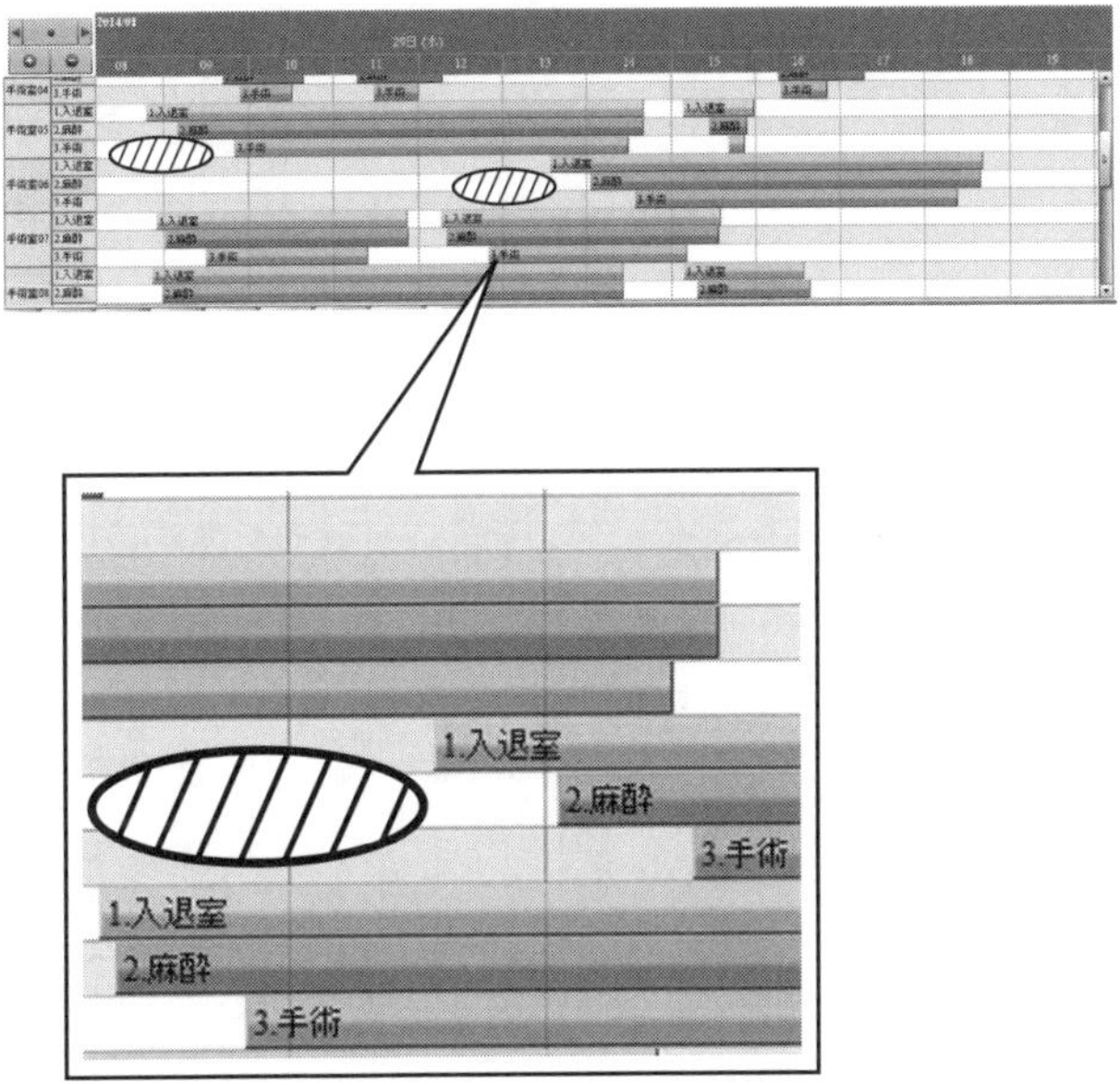

斜線でハッチングした部分の手術は、患者入室から麻酔開始までと、更にそこから手術開始までに長時間を要しており、改善余地があることを表している。

◆曜日別手術室稼働状況

図3－9は、全手術室の利用状況を15分刻みで曜日別に可視化したＢＩテンプレートです。この病院では、手術室の利用は診療科ごとに曜日単位で「枠」が決められているので、曜日によって稼働実績にバラツキがあれば、「枠」を見直すことで稼働率を改善することができます。この例の場合、水曜日の午前と午後、金曜日の午前中の稼働率に改善の余地が大きいことがわかります。

図3－9の吹き出しに金曜日の稼働状況を拡大しました。ここでは積み上げ棒の内訳を手術室ごとに色分けしていますが、医師別、麻酔医別、看護師別等様々に内訳を変化させて、稼働の有無と稼働時間を「見える化」することができます。これは、医師や看護師の負荷、スケジューリングの最適化に利用可能です。

図3-９　時間帯別手術室／人員稼働状況の可視化

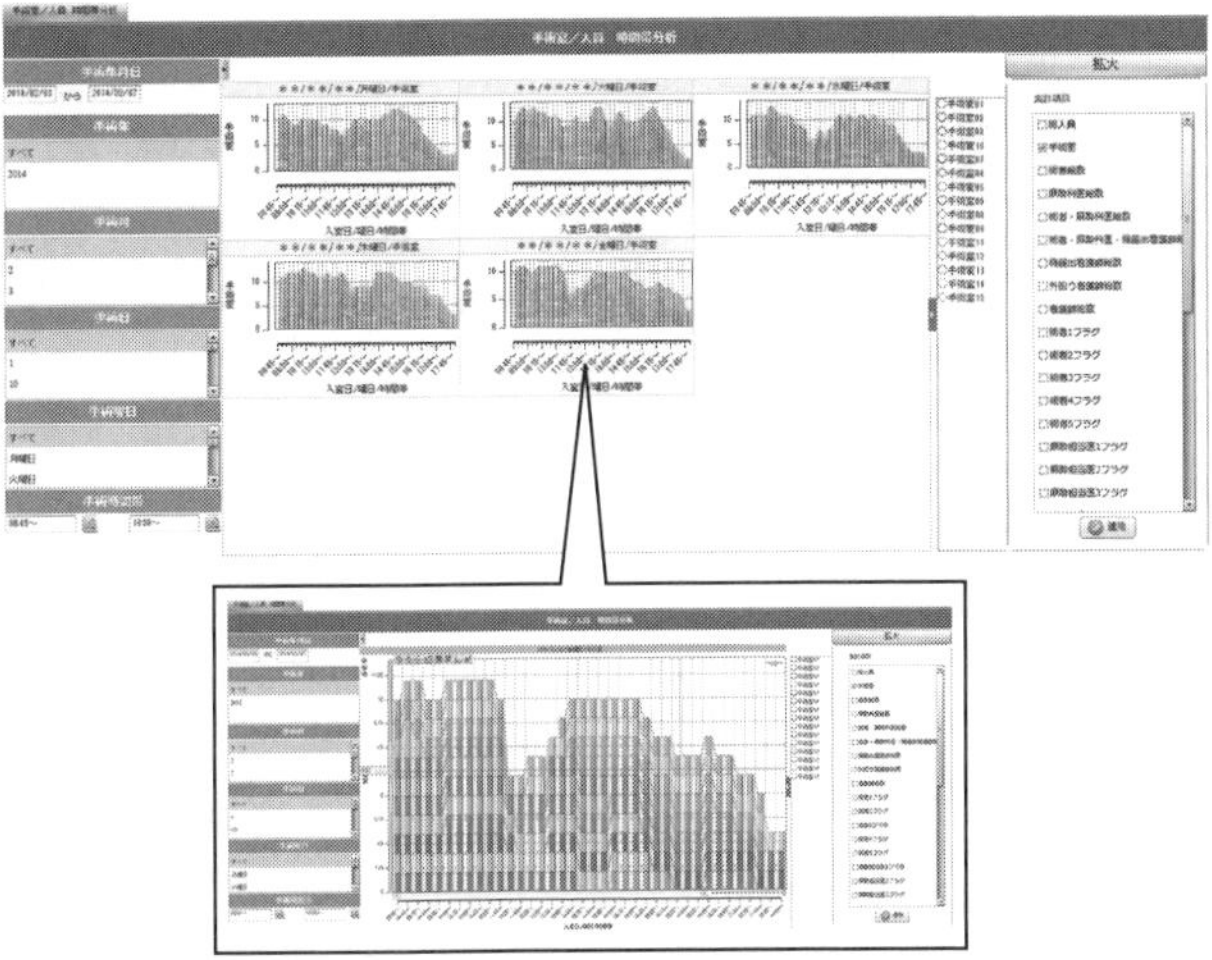

金曜日午前中の稼働率に課題あり。

DPCデータによる経営の「見える化」（経営分析テンプレート）

ＤＰＣの様式1、ＥＦ統合ファイル、Ｄファイルなどから、入退院に関わる詳細な情報、例えば、患者の生年月日、郵便番号、入院経路や退院先、主傷病、併存症から手術の有無、処置内容、投薬内容、加算の有無などがわかります。これらのデータは厚生労働省への提出が義務付けられているので、記録漏れや記載ミスが少ない貴重なデータとして、経営改善や医療の質の向上に役立てることができます。また、様式が統一されており、院内は勿論、他院との比較に当たってもデータクレンジグが不要だという利点を持っています。では、極めて利用価値の高いＤＰＣデータを、どのように活用するかの事例をいくつか見ていきましょう。

図3―10は、郵便番号から患者の紹介元医療機関の所在地を特定し、来院患者数を円の大きさで表示した来院患者分布図のＢＩテンプレートです。円の大きさを延べ入院数、診療報酬総額などに変えることもできます。また、診療科別、主疾病名別、予定・緊急入院別、救急車搬送の有無、退院先別の表示へワンタッチで切り替え可能であり、様々な経営戦略を検

図3-10　診療科別来院患者分布図

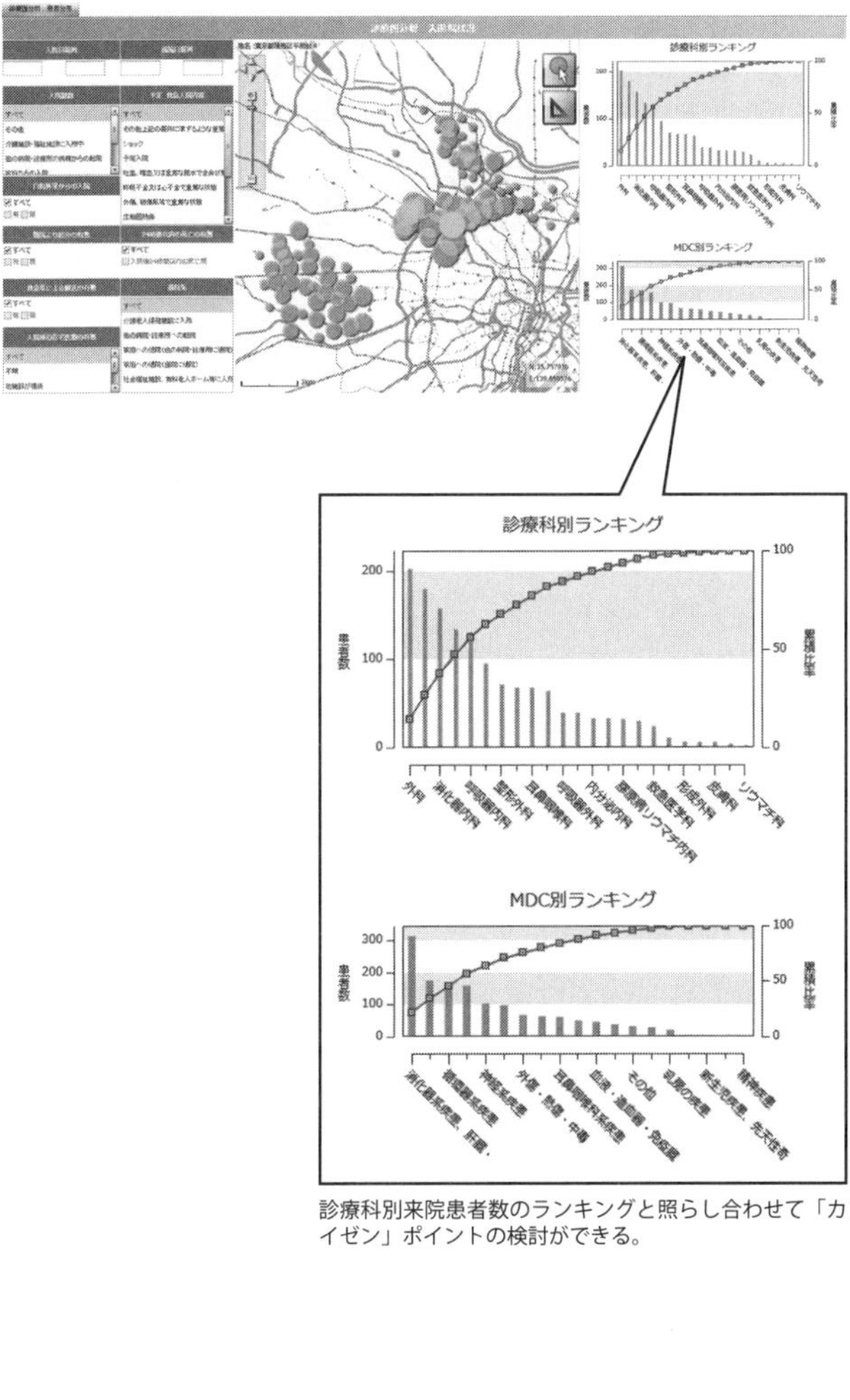

診療科別来院患者数のランキングと照らし合わせて「カイゼン」ポイントの検討ができる。

討する上でのデータを豊富に提供します。加えて、ダッシュボードとして、病院経営幹部やそれぞれの実務担当者が様々に検索条件を可変させながら、経営状況や人員配置、地域医療連携の現状や今後の動向予測などを確認し、方針や施策を決定していくテンプレートとして応用することもできます。

図3―11は、診療科ごとの入院が予定入院であったか、緊急入院であったかを示す100％積み上げ棒グラフです。緊急入院については、更にその詳しい内訳を表示しています。全診療科について緊急入院の割合を一覧化できるので、どの診療科に緊急体制のリソースを重点配分すべきかが一目で把握できます。

このように全体の状況を可視化した上で重点対応する分野を決定すれば、その戦略の必然性が他部門にも説明なしで理解されるという副次効果が得られます。助け合いながら良い医療を提供していこうとする機運や文化があって、このように重点対応すべき分野が「見える化」されていれば、院内のチームワークを醸成、強化することにもつながっていきます。

図3-11　診療科別緊急／予定入院内訳

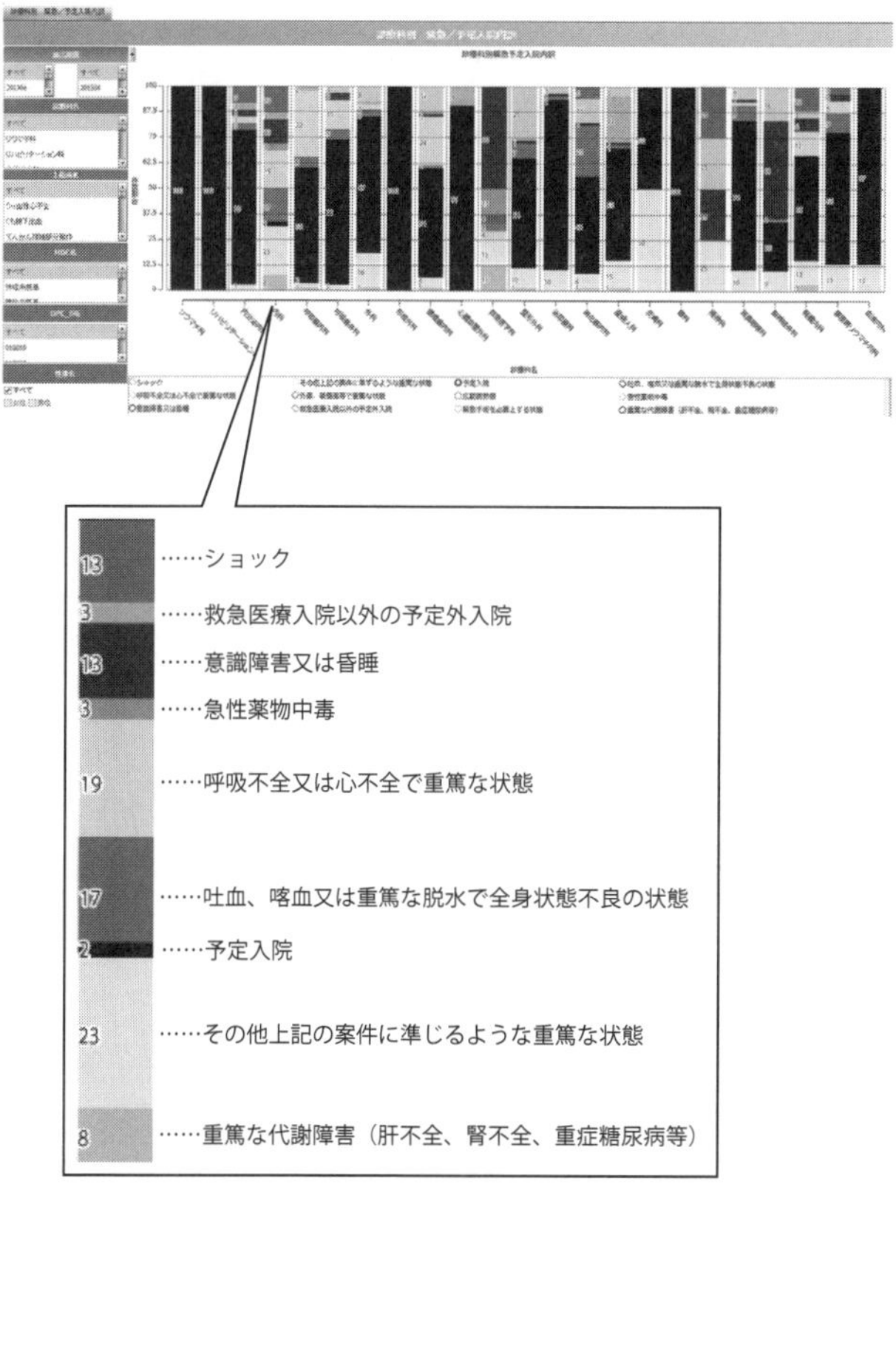

◆診療実績分析（手術件数、入院患者数）

ＤＰＣデータを活用して様々な機能評価係数へのインパクトも「見える化」できますから、診療報酬を最大化するための課題と諸施策を定量的に炙り出すことができます。次からは、ＤＰＣデータを様々に分析することで、リソースを重点配分すべき診療分野や機能を特定したり、機能評価係数を上げていく事例を更に紹介します。

図３－12は、診療科ごと、傷病ごとの手術件数実績を把握するＢＩテンプレートで、ここでは一つの診療科における術式ごとの件数を頻度順に並べています。図３－13の入院患者数前年対比、図３－14の月別入院患者数推移及び図３－15の診療科別手術件数実績等々も参照することで、重点的にリソースを配分すべき術式を見極めていくことができます。

図3-12　診療科別手術件数実績

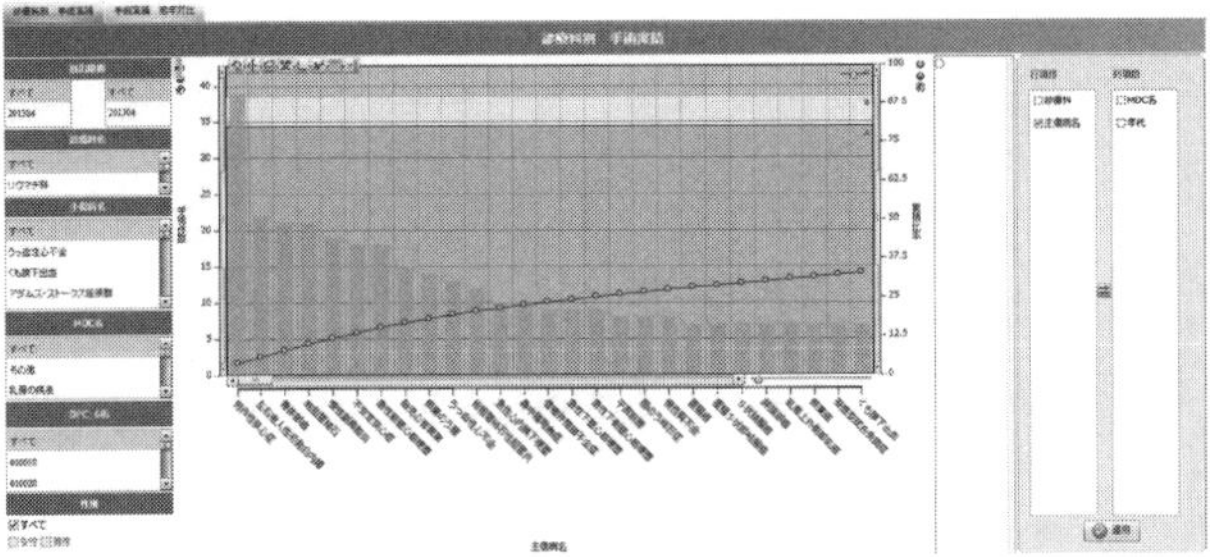

図3-13　入院患者数前年対比

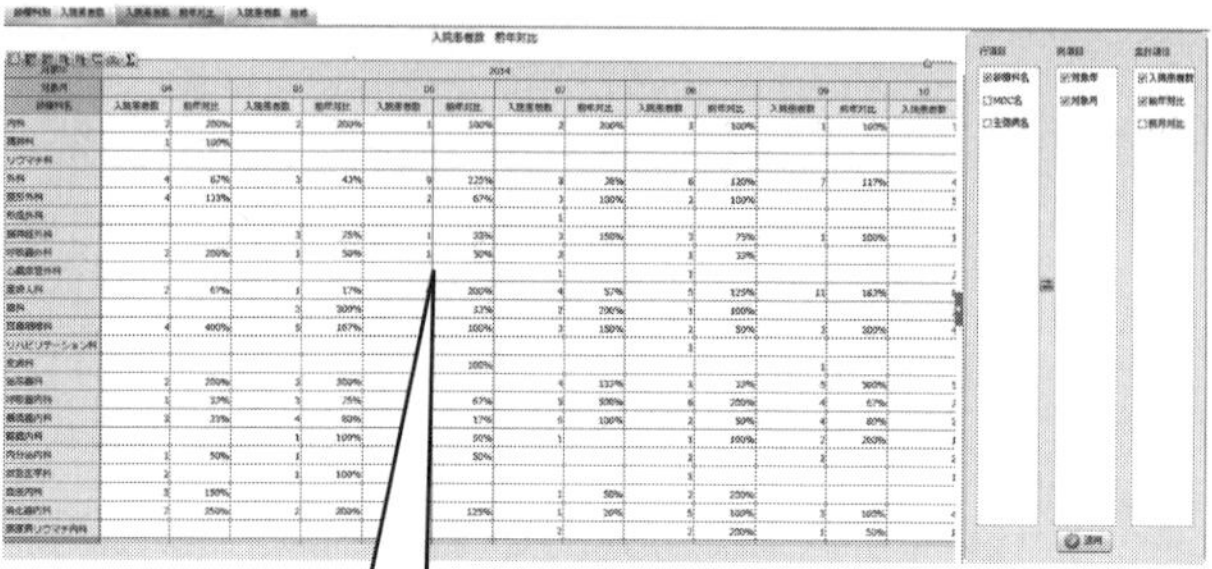

05		06
入院患者数	前年対比	入院患者数
2	200%	1
3	43%	9
		2
3	75%	1
1	50%	1

年度別、診療科別の入院患者数と前年対比をまとめた表。

図3-14　月別入院患者数推移

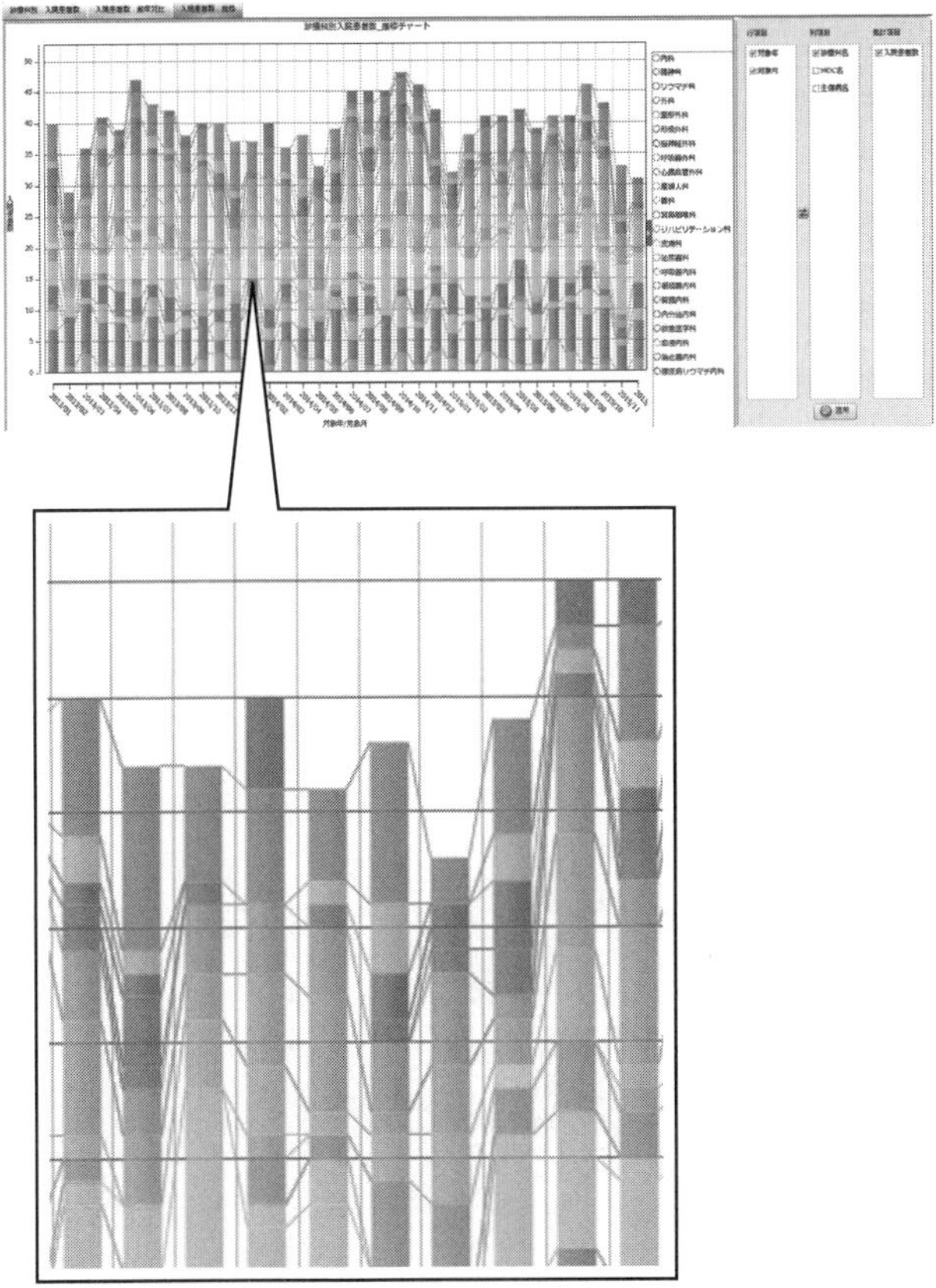

月別、診療科別の入院患者数。棒グラフの内訳は主診断名を表す。

図3-15　診療科別手術件数実績のABC分析

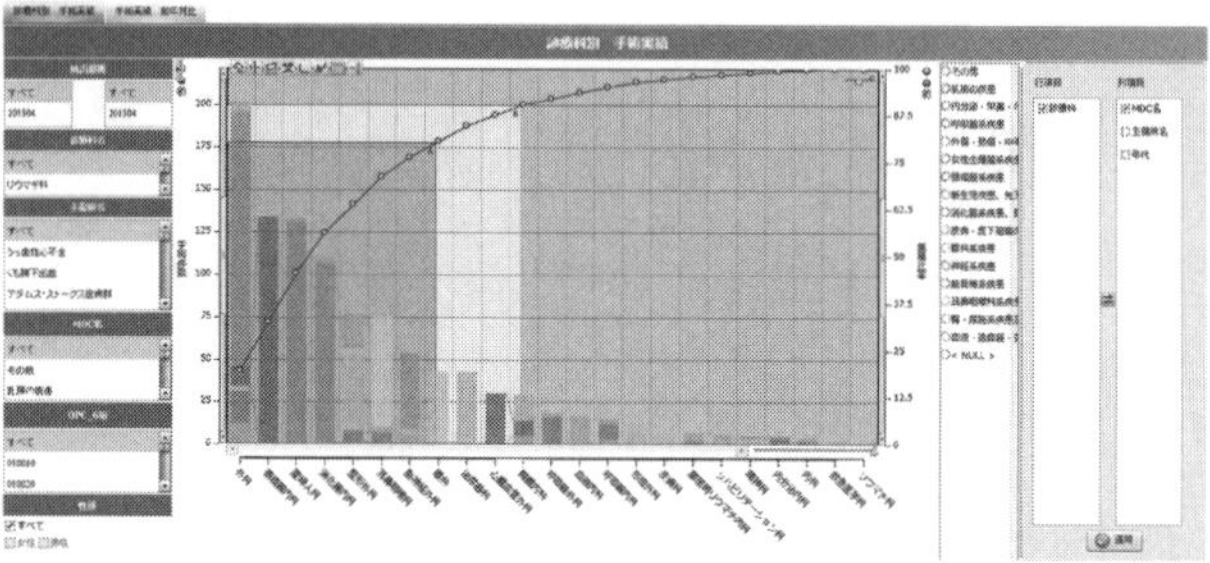

図3―16は、診療科別に平均在院日数を算出し、全国平均の在院日数との差を診療科別に表示したものです。自院の平均在院日数しかわからない場合、左端の二つの診療科は、在院日数の長さは院内では平均的ですが、全国平均より大幅に在院日数が少ないため、非常に成績優秀な診療科だということが「見える化」されています。一方、院内の平均に近い在院日数の右から2、3、4番目の診療科は、全国平均より在院日数が長く、成績不良であることが明白になります。

このデータに診療科別入院患者数のデータを突合させたのが図3―17で、どの診療科の医業収支が悪化しているかが非常に正確に把握できるはずです。この図に吹き出しで示した診療科が、平均在院日数が全国平均を超過している診療科のうち、比較的入院件数が多く、特に経営を圧迫している課題診療科です。

図3-16　診療科別平均在院日数と全国平均の差

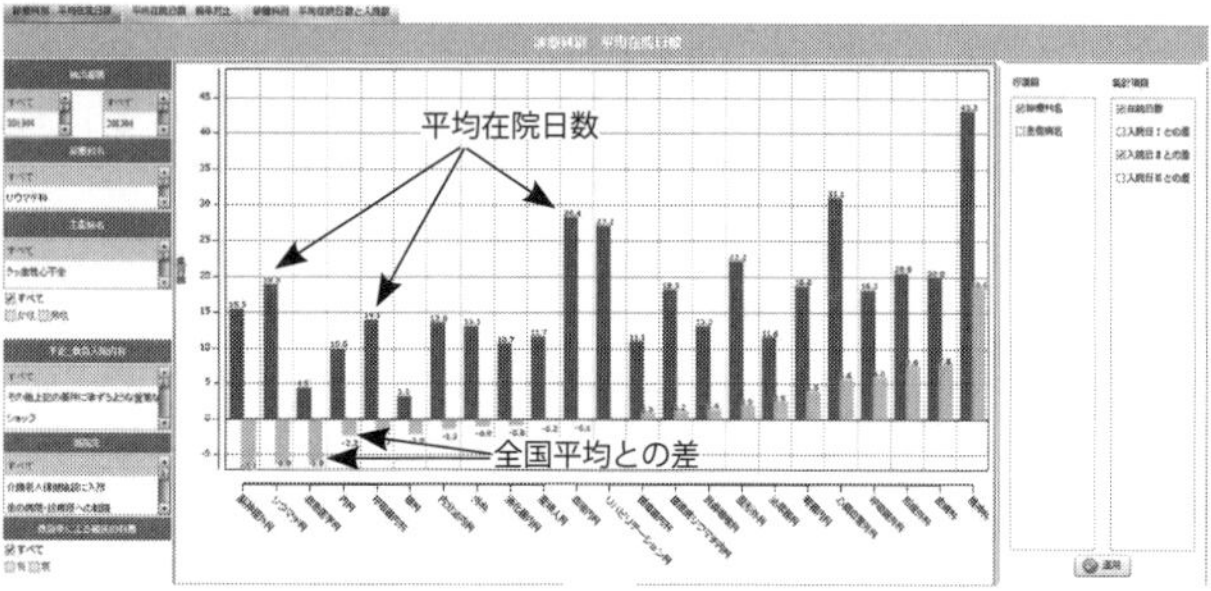

横軸に診療科、縦軸に平均在院日数（左側）と全国平均との差異（右側）を表示。全国平均より在院日数の長い診療科が一目瞭然。

図3-17　診療科別入院件数（縦軸）と全国平均在院日数との差異（横軸）

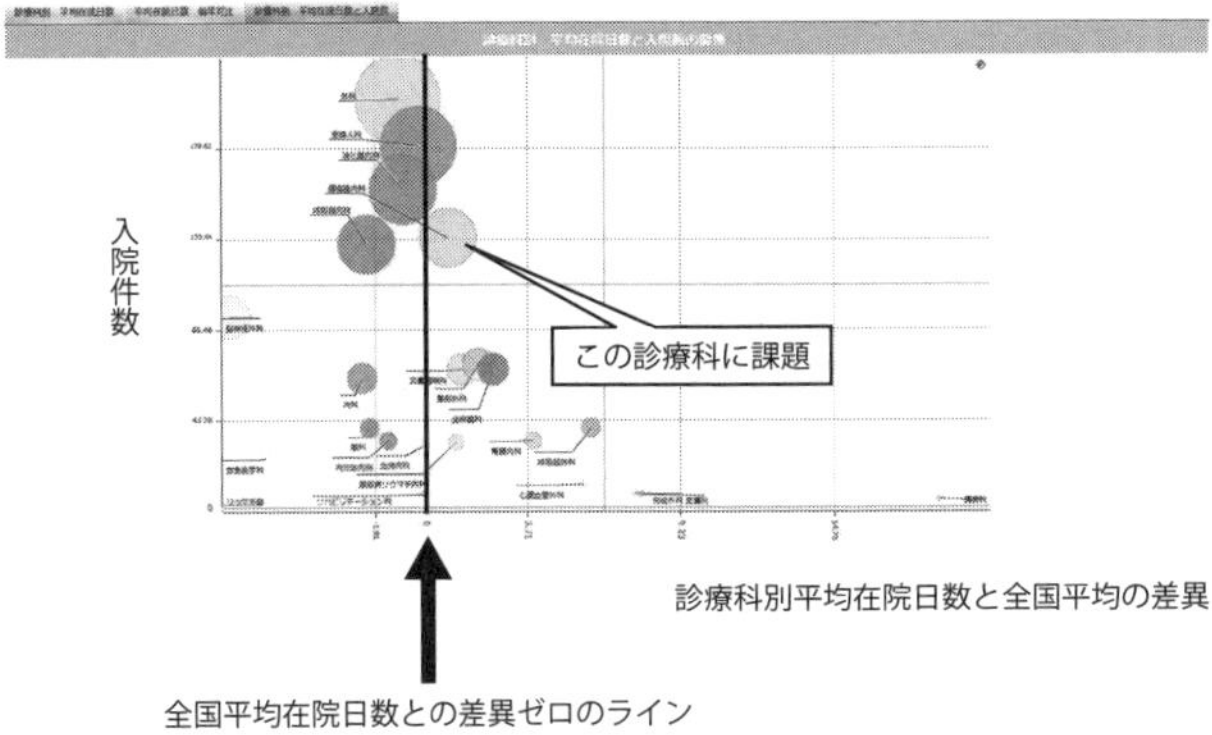

◆クリニカルパス分析

患者ケアの質的向上と効率化を同時に達成する治療標準化の手段として、クリニカルパスの導入が進んでいます。図3―18は、クリニカルパスをＢＩテンプレートとして作成したものです。ここでは、縦軸に診療行為、横軸に入院日から起算した日数を取り、実際に院内でどのような診療行為がどのような割合で行われたかのデータを、ＤＰＣから取得して表示しています。通常では、これらの詳細なトレースは極めて困難ですが、ＤＰＣデータにはレセプト電算処理データに由来するＥファイル、Ｆファイルがあり、診療行為明細がすべて記載されています。これをもとに先進のＢＩツールを使って別途算出した入院後日数で区分けをすると、傷病ごとに何日目にどの診療を実施したかとその割合を把握することができます。

この結果を活用してクリニカルパスを新規に設定する、あるいは既に設定されたパスと実態のギャップを「見える化」することができます。また、データさえあれば他院のＤＰＣデータとの差異も簡単に可視化できますから、診療の標準化と医業収支改善に大いに役立てることができます。

図3-18　クリニカルパス分析
（入院日起算の診療行為の時系列表記）

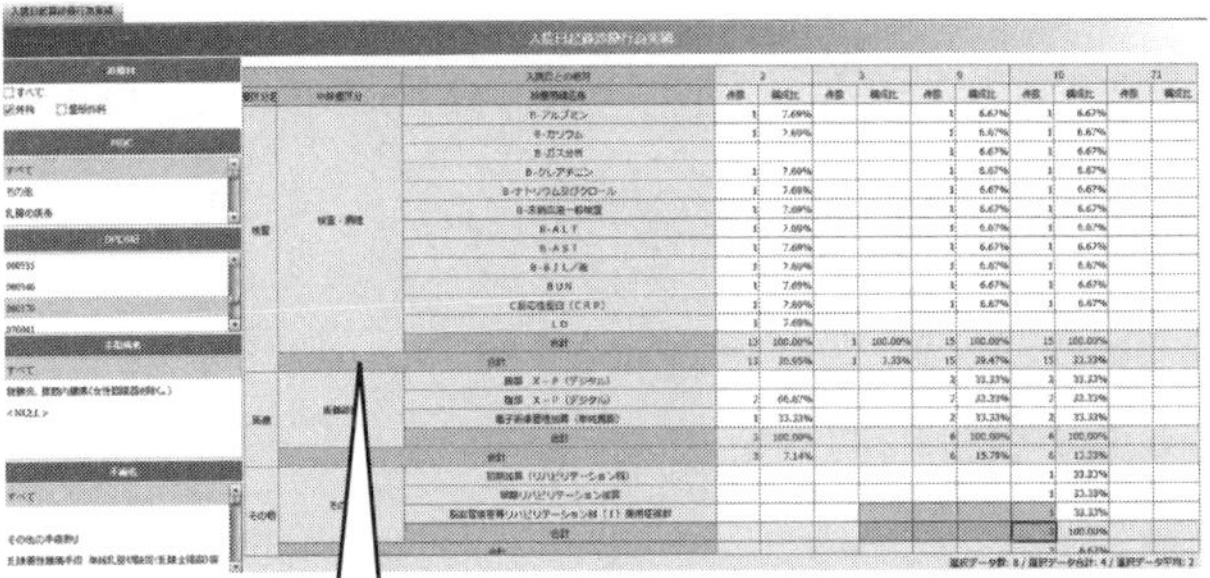

		入院日との相対	2	
療区分名	中診療区分	診療明細名称	件数	構成比
検査	検査・病理	B-アルブミン	1	7.69%
検査	検査・病理	B-カリウム	1	7.69%
検査	検査・病理	B-ガス分析		
検査	検査・病理	B-クレアチニン	1	7.69%
検査	検査・病理	B-ナトリウム及びクロール	1	7.69%
検査	検査・病理	B-末梢血液一般検査	1	7.69%
検査	検査・病理	B-ALT	1	7.69%
検査	検査・病理	B-AST	1	7.69%
検査	検査・病理	B-BIL／総	1	7.69%
検査	検査・病理	BUN	1	7.69%
検査	検査・病理	C反応性蛋白（CRP）	1	7.69%
検査	検査・病理	LD	1	7.69%
検査	検査・病理	合計	13	100.00%
検査	合計		13	30.95%

入院日から起算した診療行為実績の表。検査内容ごとの件数と構成比を一覧化している。

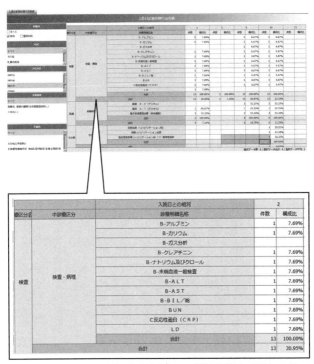

◆転帰状況管理

図3‐19は、患者退院時の状態を100％積み上げ棒グラフで可視化しています。内訳は軽快、死亡、寛解、不変、検査入院などその他で分類しています。患者が軽快して退院したか、寛解であったか、不変であったかは極めて重要な情報ですから、このテンプレートは月別や年次での経年変化とその詳細を分析したり、他院と比較するなどして、課題を把握するのに有用です。また、アウトカムが明確に「見える化」されますから、実績に対して目標管理をするなど、経営者が診療科や医師をマネージメントする強力なツールとして活用することができます。ある病院経営者はこのテンプレートを見て、「初めて、医師を管理する経営の武器を手に入れた」と漏らしたほどです。また、DPC機能評価係数に関わる項目を内訳にして別のBIテンプレートを作成すれば、機能評価係数維持向上のための管理ツールにもなります。従って、このようなテンプレートは、治療のアウトカムと収益を同時にマネージメントする、まさに強力な経営管理ツールだと言えます。

図3-19　診療科別退院時転帰状況

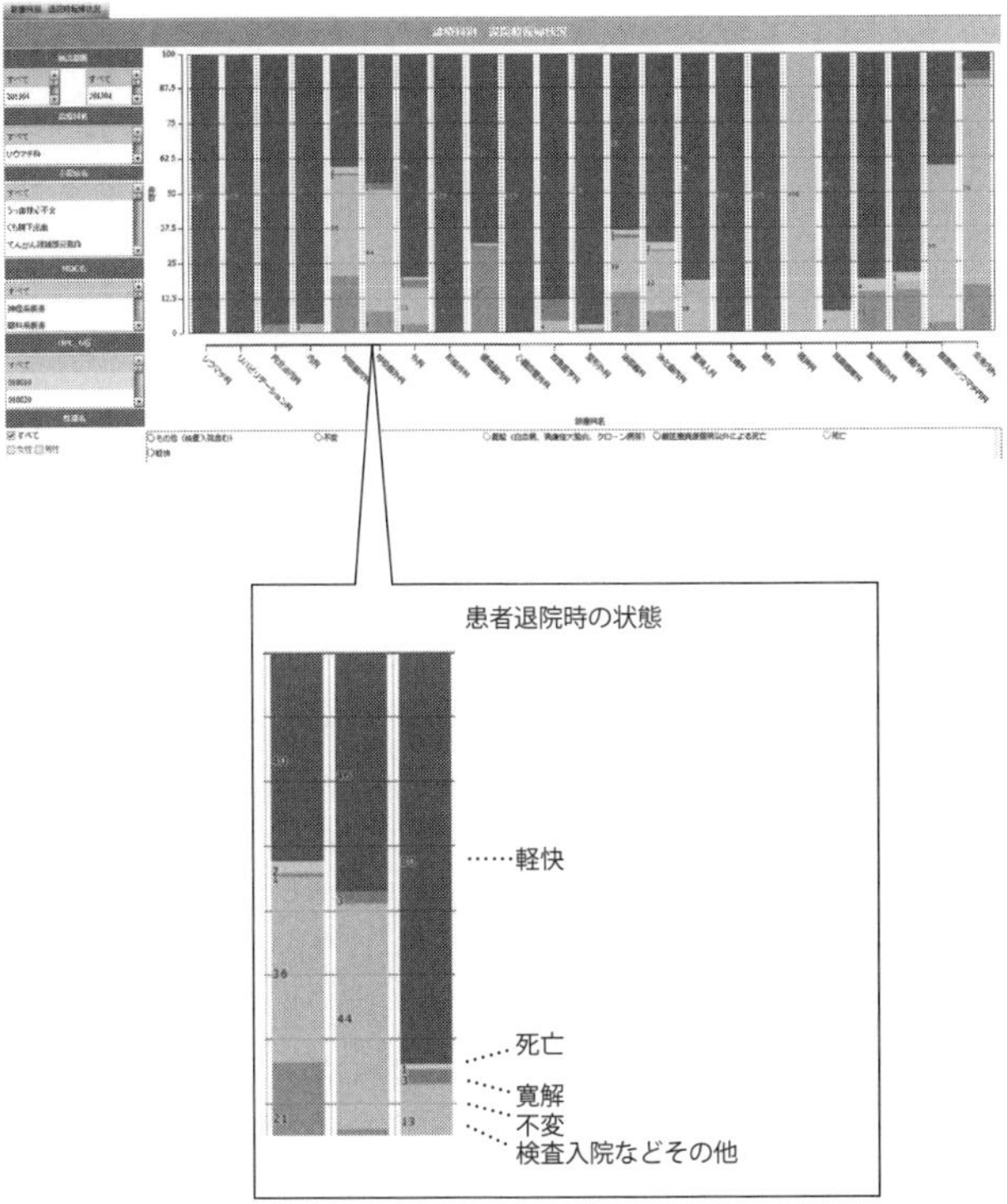

◆医師別、診療科別等の診療実績管理

図3―20は、ＤＰＣデータから、医師別の診療実績を集計したものです。図の表示は、医師別の診療行為件数を、主傷病名、手術内容、患者の年齢区分ごとに月別に集計したものですが、診療科ごとや手術内容ごとの集計表にワンタッチで変更可能ですから、様々なグルーピングで診療実績を概観することができます。また、このテンプレートに主傷病ごとの診療報酬のデータを付け加えたり、更に手術の出来高データをつなげることで、医師別の医業収入を把握できるようになります。

図3-20　医師別診療行為実績

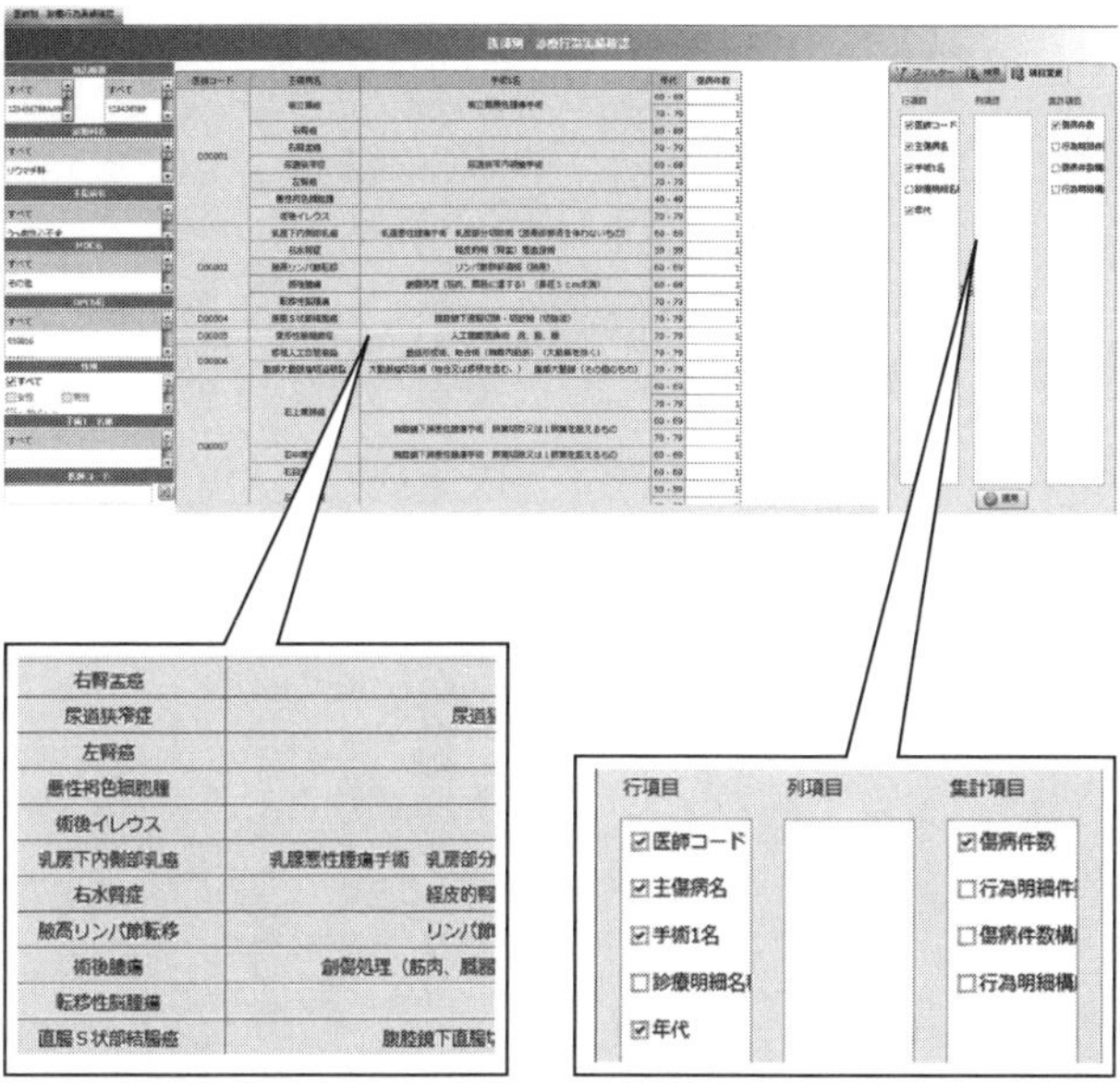

医師別、主傷病名別の手術名、件数を一覧表示している。

医師コード、主傷病名などを取捨選択できるチェックボックス。

◆後発医薬品使用管理

ＤＰＣの機能評価係数を維持向上させるためにも、コストの適正化のためにも、後発医薬品（ジェネリック医薬品）の使用率の向上は重要な経営課題です。図３―21は、厚生労働省が公開している医薬品マスターと院内利用薬剤を突合させて後発医薬品使用状況を算出し、病院全体と診療科別にブレークダウンした実績を表示しています。診療科別に後発医薬品使用比率などの目標を設定して、目標と実績をモニタリングしたり、目標管理するツールとしての活用を想定しています。

図3-21　後発医薬品使用状況

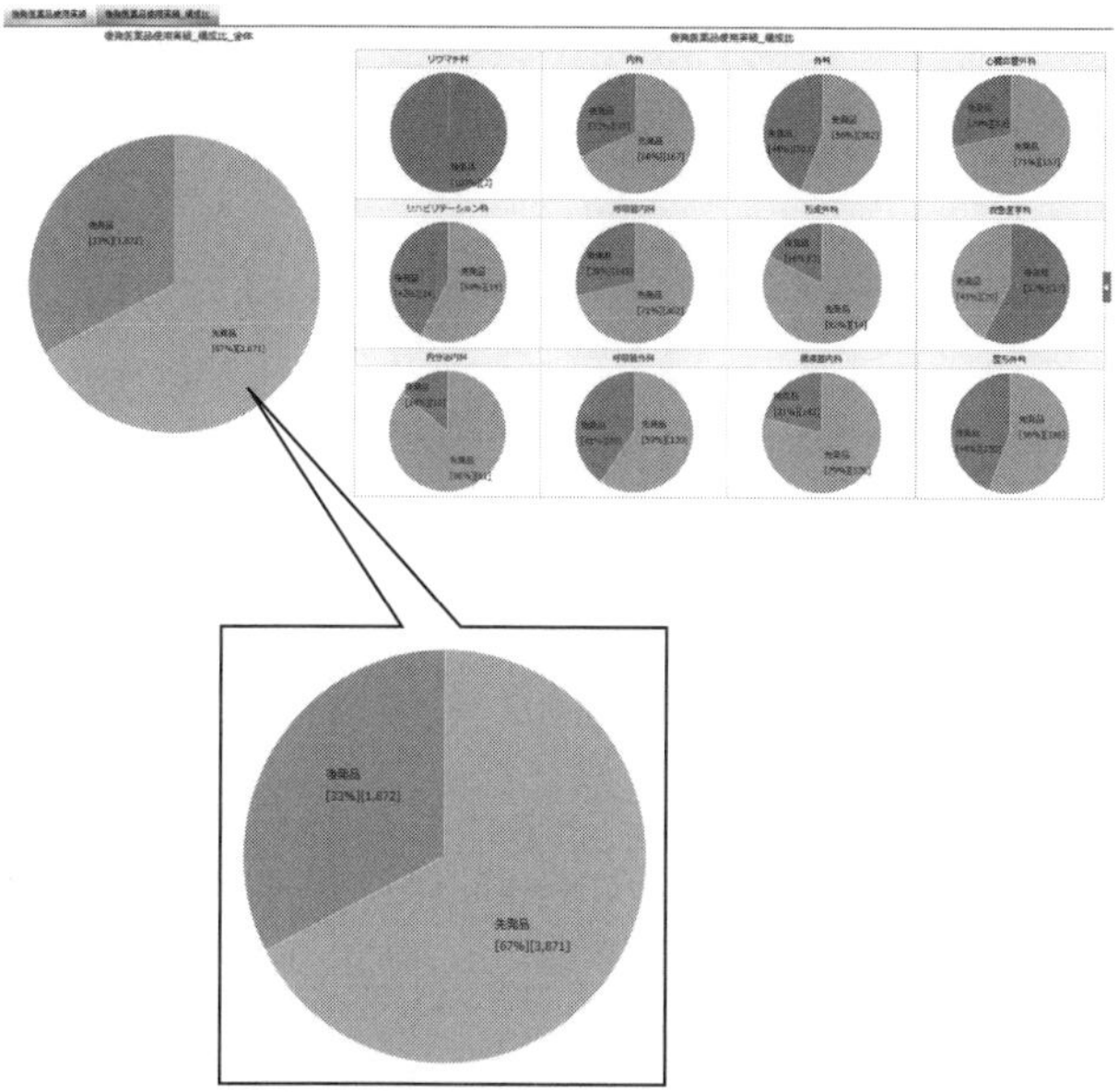

厚生労働省が公開している医薬品マスターと院内利用薬剤を突合させて後発医薬品利用状況を算出。

図3―22は、診療科別に、先発と後発に分けた医薬品使用実績を、合計の使用頻度が高い順に表示したBIテンプレートです。この図の最上段の診療科では、後発品の使用実績がないことがわかります。成績の悪い診療科から後発品への切り替えプロジェクトをスタートさせるような、重点管理部門を決めるテンプレートとして使うことが想定されています。医師別に集計する検索条件もこのテンプレートに設定されていますので、使い方は経営者次第です。

また、病院全体の薬剤使用ランキングもワンタッチで可視化できますから、病院全体での使用率あるいは購入金額の高い先発品を後発品に切り替えていくような、全員参加の取り組みにも有効でしょう。尚、現在DPC機能評価係数は後発品の数量で算定されますから、数量管理ツールとしても使うなど、目標に合わせて使い分けることができます。

図3-22　先発／後発別の医薬品使用実績明細

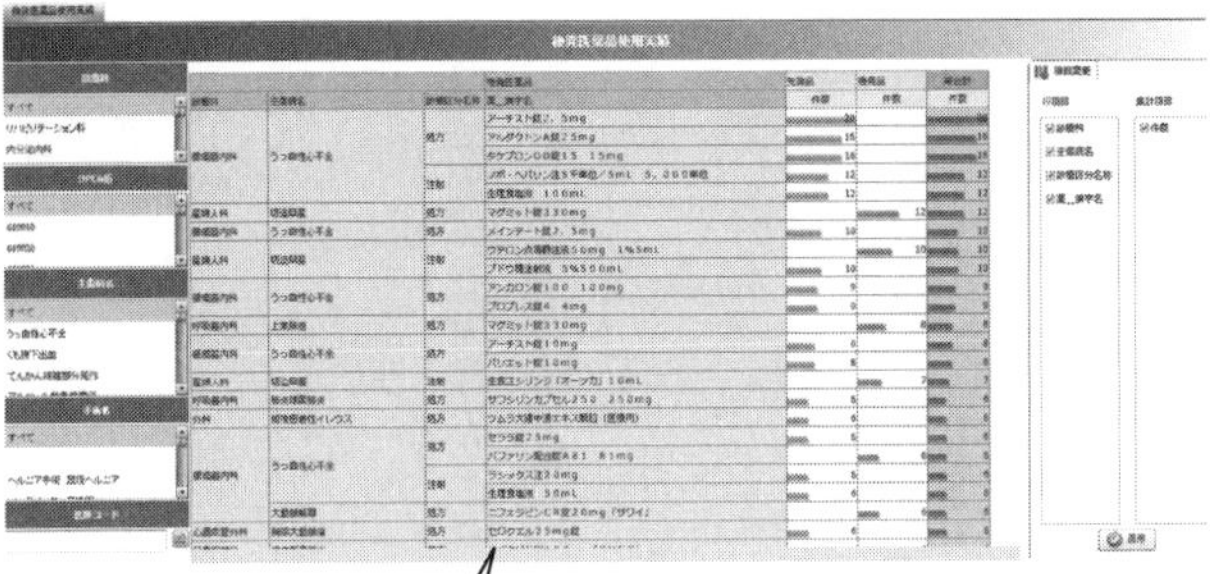

後発医薬品	先発品	後発品	総合計
薬_漢字名	件数	件数	件数
アーチスト錠２．５mg	20		20
アルダクトンA錠２５mg	16		16
タケプロンOD錠１５　１５mg	16		16
ノボ・ヘパリン注５千単位／５mL　５，０００単位	12		12
生理食塩液　１００mL	12		12
マグミット錠３３０mg		12	12
メインテート錠２．５mg	10		10
ウテロン点滴静注液５０mg　１%５mL		10	10
ブドウ糖注射液　５%５００mL	10		10
アンカロン錠１００　１００mg	9		9
ブロプレス錠４　４mg	9		9
マグミット錠３３０mg		8	8
アーチスト錠１０mg	8		8
パリエット錠１０mg	8		8
生食注シリンジ「オーツカ」１０mL		7	7
サワシリンカプセル２５０　２５０mg	6		6
ツムラ大建中湯エキス顆粒（医療用）	6		6
セララ錠２５mg	6		6
バファリン配合錠A８１　８１mg		6	6
ラシックス注２０mg	6		6
生理食塩液　５０mL	6		6
ニフェジピンCR錠２０mg「サワイ」		6	6
セロクエル２５mg錠	6		6

一般財団法人医療情報システム開発センターが提供する医薬品HOTコードマスターを病院にて採用し利用すれば、後発医薬品が存在する先発医薬品を認識した上で、その使用状況ランキングを表示することもできる。

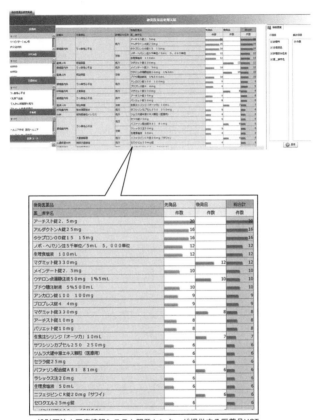

◆指導料請求漏れ対策（各種指導料の請求漏れへの対処）

ＤＰＣ適用の有無にかかわらず、診療報酬制度では各種指導料に点数が付与されていますが、特にＤＰＣ病院での出来高払いとなる指導料の請求漏れは大きな経営課題と言えます。大規模病院では指導料の請求漏れが一月当たり数千万に上ることも珍しくないからです。請求漏れの原因は、医師の制度への理解が不足している、指導実績を記録し忘れる、指導可能な回数の上限まで指導を実施していない等々、様々です。そこで、原因に応じた対応を模索するよりも、全件検索をしてしまった方が早いとばかりに作成したのが図3−23のＢＩテンプレートです。レセプトから診療明細データ全件を取り込んで、そこに指導料請求実績件数、該当患者数、主傷病名ごとの請求可能指導料を突合させています。そして指導料請求数と患者数が一致しない項目で請求漏れがあると想定して、詳細調査に移るのです。このテンプレートの演算機能を使って、請求漏れの可能性がある指導料概算を、診療科別、医師別等で計算することができますから、想定金額の多寡に応じて詳細調査をしていけばよいでしょう。

これを利用すれば、少なくとも問題の所在の見当はすぐにつけられますし、月当たりの請求漏れ想定金額も一発でわかりますから、打ち手は様々に繰り出せます。

図3-23　指導料行為実績

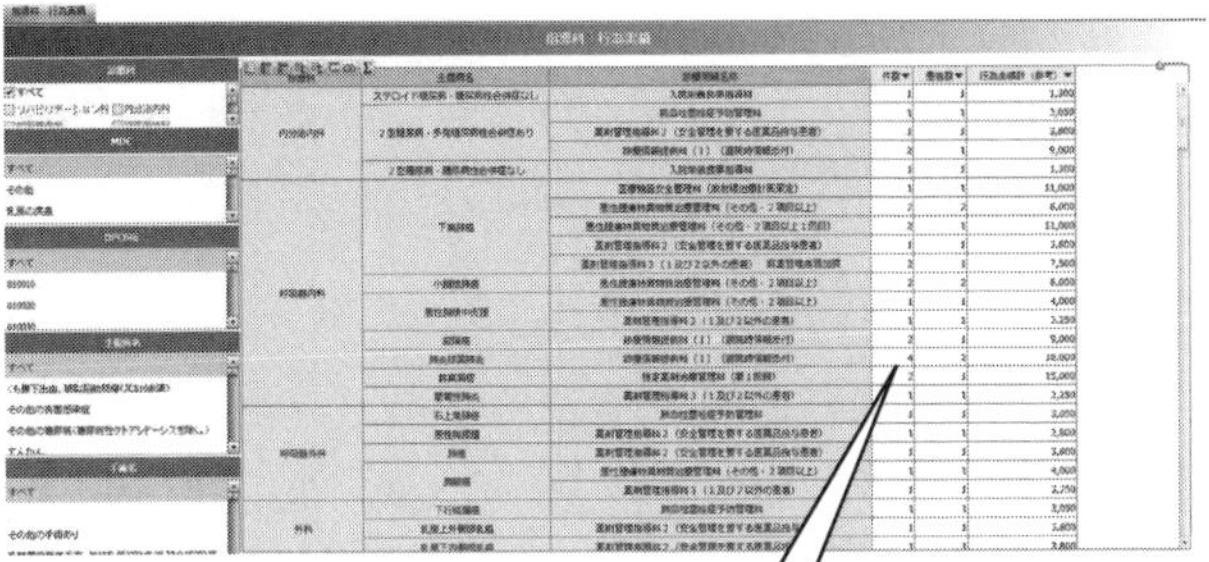

診療明細名称	件数	患者数	行為金額計
3（1及び2以外の患者）	1	1	3,250
（Ⅰ）（退院時情報添付）	2	1	9,000
（Ⅰ）（退院時情報添付）	4	2	18,000
治療管理料（第1回目）	2	1	15,000
3（1及び2以外の患者）	1	1	3,250

請求件数と実際の患者数に齟齬がある項目がわかる。

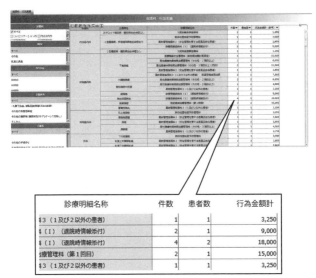

◆急性期病院としての要件管理

図3－24は、救命救急入院料、特定集中の治療室管理料などの特定入院料を請求した実績明細を、診療科／主傷病別に集計したものです。特定入院料請求実績は、ＤＰＣ病院がその機能要件をどのレベルで満たしているかを測る経営指標として最も重要なものの一つであり、出来高加算でかつ高額な点数となるものが多いため、日々の収益管理上、把握しておくことが欠かせない指標と言えます。

ここでは、単に実績把握の集計表として作成したＢＩテンプレートを掲載していますが、経営リソースをどの急性期医療に重点配置するかを検討したり、時系列での推移を分析することで、地域医療構想の策定に活かす等、病院経営全体の中期課題を分析するテンプレートとして利用価値が高いものです。

図3-24　特定入院実績

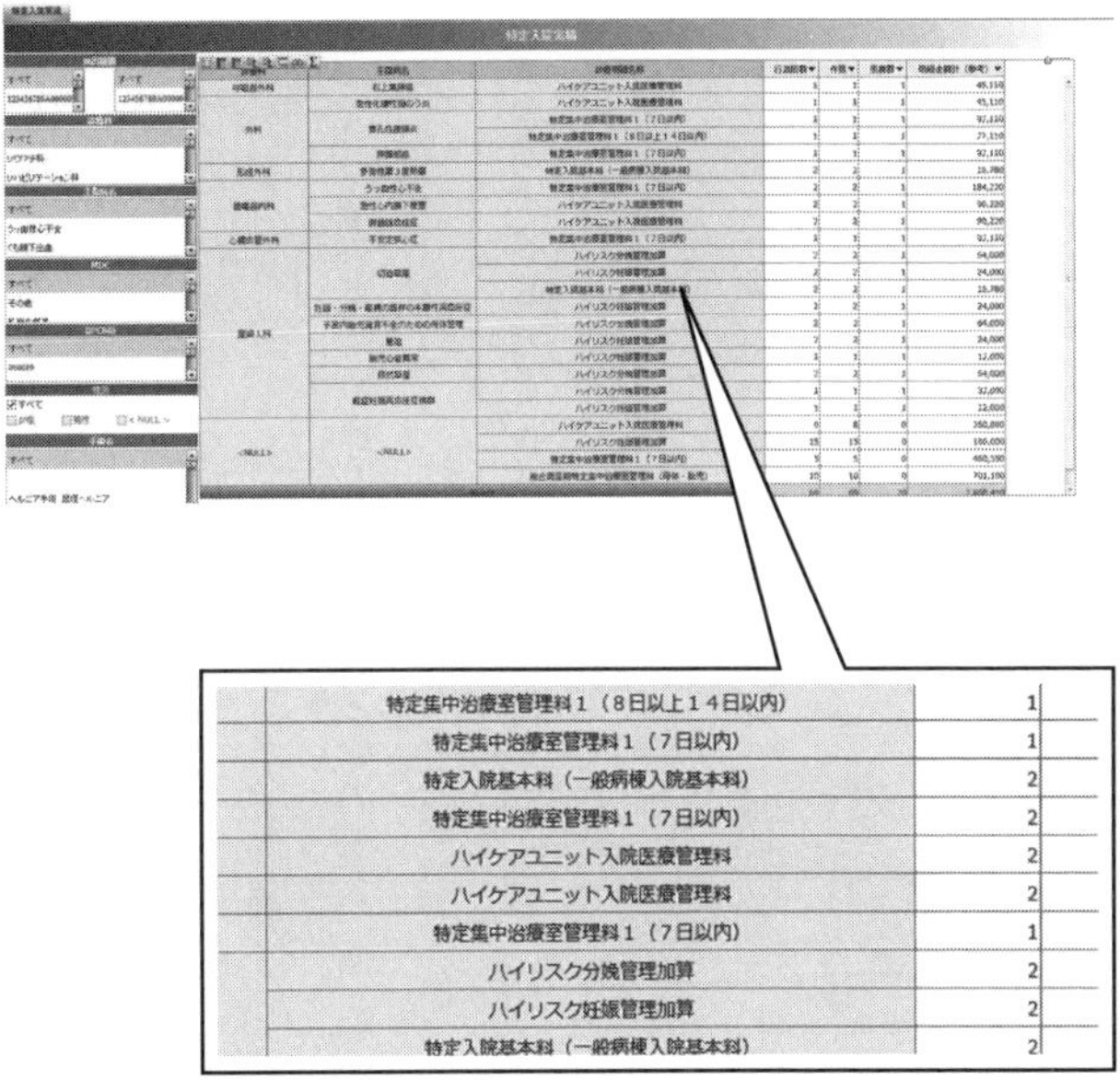
特定集中治療室管理料１（８日以上１４日以内）　1
特定集中治療室管理料１（７日以内）　1
特定入院基本料（一般病棟入院基本料）　2
特定集中治療室管理料１（７日以内）　2
ハイケアユニット入院医療管理料　2
ハイケアユニット入院医療管理料　2
特定集中治療室管理料１（７日以内）　1
ハイリスク分娩管理加算　2
ハイリスク妊娠管理加算　2
特定入院基本料（一般病棟入院基本料）　2

◆医療の質（診療科別ADL指標の変化）の可視化

第3章の最後に、ADLを入院時と退院時で比較したBIテンプレートを紹介します。ADL（Activities of Daily Living）は、食事、排せつ、入浴、移動などの日常生活動作の自立度を表すものですから、定性的とはいえ、医療のアウトカムをある程度客観的に測る指標という点で、すべての医療関係者そして患者にとって最も重要な指標の一つだと言えます。

図3－25は、診療科ごとに、入院時と退院時で日常生活動作ごとの自立度を比較したものです。縦軸が入院時の自立度、横軸が退院時の自立度で、それぞれ全介助、一部介助、自立、不明の4分類で人数を表示しています。左上角から右下角に直線を引いた時、左下側がADLの悪化、右上側が改善したことを表しています。

医療の質や成果を測るのは非常に難しい取り組みですが、これなら今すぐにでも始められるものだと思います。院内に貼り出せば、職員全員が成果を目で確認する、あるいは課題を痛感する「見える化」になります。また、来院した患者自身も目にしますし、外部から医療の質を評価する「見える化」にも十分応えているでしょう。

図3-25　診療科別ADL推移状況（入院時 vs 退院時）

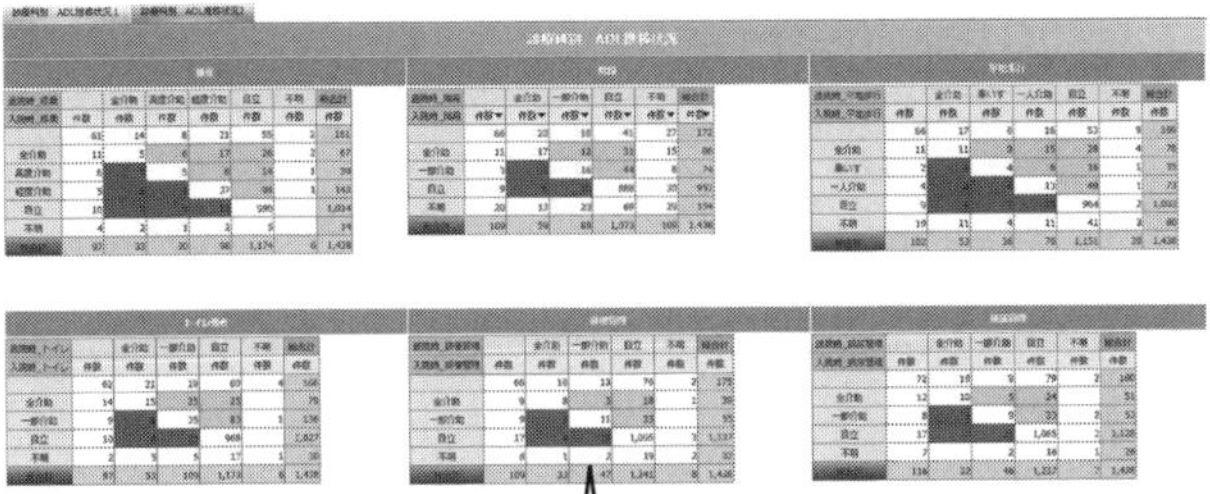

退院時_排便管理		全介助	一部介助	自立	不明	総合計
入院時_排便管理	件数	件数	件数	件数	件数	件数
	66	18	13	76	2	175
全介助	9	8	3	18	1	39
一部介助	9	2	11	33		55
自立	17	4	18	1,095	3	1,137
不明	8	1	2	19	2	32
総合計	109	33	47	1,241	8	1,438

左下側は悪化、右上側は改善している状態。

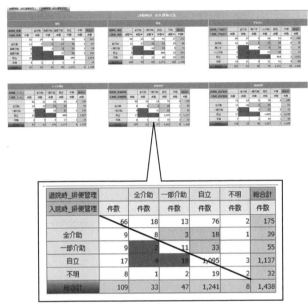

できるもの（一例）

効果	データ元
部門システムの問診システム、血液検体システム、薬品処方データから治験対象となる患者を複数のITシステムにまたがって検索。手作業で探すよりも飛躍的に作業時間が短縮。治験獲得向上により、医業外収益の向上	疾病別部門問診システム、電子カルテ処方データ、血液検体システム
問診、処方、検査など実施タイミングの異なるデータを重ね合わせることにより、薬剤処方後の経過を時系列で可視化。投薬変更のタイミングの検出や、複数患者の比較、同一患者の異なる時系列の比較など様々な角度から可視化し、データに基づいた知見を得る	疾病別部門問診システム、電子カルテ処方データ、血液検体システム
定時内の手術室あたり手術時間と標準労働時間を比較し、稼働率を算出。手術ごと、診療科ごとの予定実績と超過時間を表示し、手術室の空き、手術時間の超過を可視化して改善案を策定。患者入退室時間と麻酔開始終了時間、手術開始終了時間をガントチャートで表示することによって各工程の間の経過時間を可視化、ボトルネックを見出す。手術室、医師、看護師の稼働状況を15分単位で積み上げ棒グラフにし、曜日、時間別に稼働のバラツキがないかを確認。	電子カルテ、手術システム
診療科ごと、傷病ごとの来院患者の分布を把握することにより、集患、地域医療連携などの資源投下を戦略的に実施。入退院時のADLを比較して医療成果を可視化する。	DPC　様式1ファイル、Dファイル
傷病ごとの医療行為のばらつきを把握し、係数を向上	DPC　様式1ファイル、Dファイル、EF統合ファイル
診療別、DPCコード毎の平均在院日数を把握し、係数を向上	DPC　様式1ファイル、Dファイル、EF統合ファイル
後発医薬品資料状況の把握により後発医薬品係数を向上	DPC　様式1ファイル、Dファイル、EF統合ファイル
患者数、手術数、転帰状況などの実績を、診療科、傷病、医師別など様々な角度から可視化	DPC　様式1ファイル、Dファイル、EF統合ファイル
指導料請求の実績を把握し、請求漏れなどを防止	DPC　様式1ファイル、Dファイル、EF統合ファイル

図3-26　分析テンプレートの例＝データを用いて「見える化」

	分析内容
診療成果の「見える化」	治験候補者抽出
	投薬効果可視化
業務の「見える化」	手術室稼働率分析、医師別手術予定実績比較、患者滞在時間（ガントチャート）、医師・看護師時間別稼働分布図
DPCデータによる経営の「見える化」	患者数集計(診療科別、主傷病別、年齢別男女比)
	緊急・予定入院救急車搬送入院分布図
	診療科別退院時転帰状況、入退院時ADL比較
	入院日起算診療行為実績（簡易クリニカルパス分析）
	入院期間別患者数集計（在院日数分析）
	後発医薬品使用実績
	診療科別/主傷病別患者数集計、診療科別手術件数実績、医師別診療実績
	指導料実績、特定入院実績

第4章

医療データの徹底管理と活用こそ、患者から「選ばれる病院」になる必須条件

第3章までに紹介したデータ活用と「カイゼン」を実践していけば、収益基盤を確立して、環境変化に強く、医療現場のやりがいと患者満足度を向上させた「選ばれる病院」としての実力と認知を固めていくことができます。ただし、ここまでは病院内に閉じた経営改革です。

視座を院外に広げて、社会的価値をより高める

病院は極めて公益性が高い機関であり、地域医療を支える一員でもあることから、視座を院外に広げ、地域医療連携の中で求められる役割を果たすことが欠かせません。また、外来、入院とともに来院前や退院後のケアも含めた医療の提供によって、患者のＱＯＬをより向上させることが求められています。更に、予防医療や介護とシームレスに連携する、あるいはそれらを自院で提供することによってワンストップサービスが提供されることを多くの人々が望んでいます。そのいずれもが、良い病院として選ばれる要因になりますし、新しい医療の価値やサービスを創造する機会にもなります。このような連携や医療の周辺領域への機能の拡充によって、個々人の生涯を通じてのＱＯＬや健康寿命の延伸を提供する事業もあわせて

担うようになれば、社会的価値は飛躍的に高まり、病院の位置付けも大きく変化していきます。それがまた結果的に、国民医療費を適正化していくことにもつながるでしょう。

医療の供給は無限ではないので、地域医療連携によって医療資源の効率化を進めるのは、持続可能な社会の実現には不可欠です。近隣のどの病院も高額の医療設備を競って導入していたり、逆にそれらが地域全体で不足しているような医療資源の偏在は今後は許されません。優秀な医師や看護師も、同様に限られた社会的アセットです。また、データが連携していないために複数病院を受診した患者に同じ薬を大量に処方するような医療資源のムダや、患者への弊害の解消もやはり地域医療連携に期待される点です。

そういう役目は他院に任せておけばいいのかも知れません。しかし、そこまで担って初めて最高の医療を提供していると言えるのではないでしょうか。志と企業家精神の高い経営者が、データ活用や「見える化」を徹底して病院の改革力を高める時、新たな社会的価値の創造者となり、提供者になっていくのは必然です。そして厳しくなる経営環境の中でそういう病院だけが生き抜き、選ばれる病院になっていくのが時代の要請でもあるでしょう。

選ばれる病院になることでますます医業収支を改善させて、最新のテクノロジーや人財育成への投資を活発化させ、医療の質に磨きをかけ続け、医療従事者にも患者にもより一層選ばれる病院になっていけるのです。更に、そうした病院経営者は視野を世界に向けて、医療ツーリズムを受け入れたり、海外に病院を展開していくことにも挑戦するでしょう。そういう未来は、すぐそこに来ています。

病院こそがグローバルに持続可能な社会を実現していく主要なプレーヤー

第4章では、地域医療連携をはじめとして院外にも視野を広げた経営戦略について論じます。先進のＢＩツールを活用したマーケティングと「見える化」による、医療の周辺領域との連携及び市場の拡大が主要論点です。これは、病院こそがグローバルに持続可能な社会を実現していく主要なプレーヤーであり、同時にコミュニティのロールモデルになっていくべきだという考えをベースにしています。その観点から病院における健康経営の取り組みについても論じます。いずれの取り組みにおいてもやはり〝データを制する〟こと、即ち〝データをつなげて活用する〟ことが、効率的かつ質の高い医療提供体制を構築する基本であり、実現していくための基盤となります。

地域医療連携

地域医療連携の様相は、都心地区と地方では異なる部分が多々あります。中核病院が、診療所や長期療養型病床などの医療機関及び老人看護施設等と連携し機能分担しなければ、その地域での医療が成り立たない地方と、有力な急性期病院がひしめく都心部とでは、自ずと取り組みは変わってきます。

特に、その地域全域の急性期患者のほぼすべてを受け入れている地方中核病院では、それ以上の集患は非現実的です。従って、例えば在院日数を短縮する質の高い医療によって診療密度を高めるような価値ある取り組みは、ＤＰＣ機能評価係数を上げる効果があるにもかかわらず、病床稼働率が下がったインパクトで減収をもたらすということがあり得ます。一方で、ＤＰＣから診断群別の定額支払い方式であるＤＲＧへの制度移行が進むであろうことを考慮すると、「地域医療構想策定ガイドライン」による国の基本方針である「病床機能ごとの供給を適正化させる」ことは、個別の病院の経営戦略としても極めて有効だということです。既に述べたように、都心部においても高度急性期病院・病床の過剰が今後顕在化していくのは必至であり、病床機能の適正化は地方、都心部を問わない課題です。

また、院外の様々な組織が持つデータとの適切な連携がなければ、そもそも地域医療連携が機能しないのは明らかですが、院外とデータをつなぐことは、より大きな困難を伴うのもまた明らかです。そうした事情を考慮して、厚生労働省は、地域医療連携において各医療機関の標準化への負担を最小化する仕組みとして、各医療機関で効率的に標準的な診療情報提供書を編集できるよう、SS-MIX事業を推進しています。この事業をより実効性のあるものにするためにも、自院内のデータをつなげて二次利用できるようにすることが欠かせません。その上で、例えデータはつながらなくても、連携すべき点と共有すべき情報を、どんな形でも「見える化」することが、連携を機能させるために必要です。連携の中身や分担あるいは意義が共有されなければ、「船頭多くして船山に登る」事態が発生します。連携する各医療機関にとって、その連携が明確にWIN-WINモデルになっており、それを継続して確認し、必要に応じて是正できるようになっていることが、参加している価値を実感することにつながっていくからです。

地域医療連携を「見える化」する

第３章で紹介したＢＩテンプレートのうち「図３―10　診療科別来院患者分布図」に紹介元と転院先情報を追加することで、紹介、逆紹介の実績が診療科ごとに把握できます。また、「図４―１　病院所在図」を利用すれば連携すべき医療機関を把握できます。このテンプレート上の病院マークをクリックすると、その病院のプロファイル情報も表示されますので、このテンプレートだけを使って、他に資料を調べたりすることなく連携実態と今後の連携について構想することが可能です。また、図には示していませんが、先進のＢＩツールを使えば、周辺機能を担う介護施設や診療所の情報のうち必要なものを取捨選択しながら表示することも可能です。

地域医療連携では、製造業でのＳＣＭ（Supply Chain Management：商流に関わるすべての関係者間や重要なポイントで在庫、販売、物流等の情報を共有して、最適化を図る管理手法）やバリューチェーン・マネージメント（一連の活動において、付加価値を生み出すためのコストと価値の大きさを把握し管理する手法）を導入することで、効率的かつ効果的な連携につなげていくことができるでしょう。これらの手法の基本は、価値あるいはコストを、一連の活動全体を俯瞰しながら、各部分部分で「見える化」することです。先進のＢＩツールが威力を発揮するのは間違いありませんが、データがつながる環境になければ、まずは第3章で紹介したＡ３プロセスを関係者が一堂に会して作成し、共有することは非常に有効です。

図4-1　病院所在図

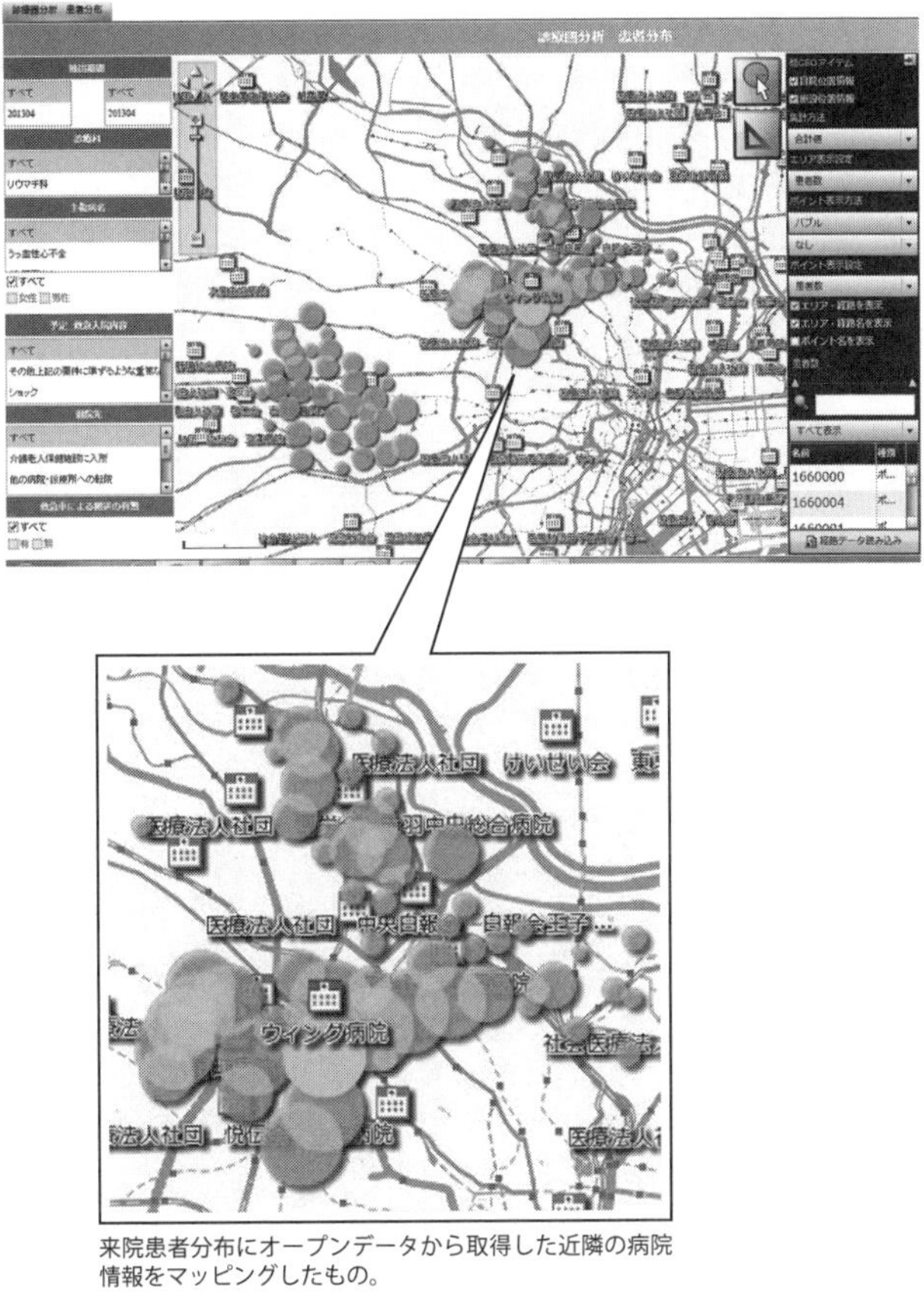

来院患者分布にオープンデータから取得した近隣の病院情報をマッピングしたもの。

病床機能の選択と地域医療連携の「見える化」

国の政策である2015年策定の「地域医療構想策定ガイドライン」において、医療機関が、その有する病床の機能区分の現状と今後の方向を選択し、病棟単位で都道府県に報告する「病床機能報告制度」を開始することが定められています。

その際、地域医療構想は二次医療圏を原則としつつ、①人口規模 ②患者の受療動向 ③疾病構造の変化 ④基幹病院までのアクセス時間等の要素を勘案して柔軟に設定するものとされています。また、医療需要は4機能（高度急性期、急性期、回復期、慢性期）ごとの医療需要を推計して、2025年時点のあるべき供給体制を構築していくことが求められています。最終的には厚生労働省が都道府県と協議の上で策定するものですが、各医療機関に情報提供と構想への参画が求められる中で、言うまでもなく、病床機能を中心とした自院のあるべき役割を主体的に構想していくことが重要です。

地域医療構想に示された4つの勘案事項を例にとれば、患者の受療動向と疾病構造の変化については、第3章で紹介した診療実績集計分析のBIテンプレートのうち、「図3―13

入院患者数前年対比」や「図３―14　月別入院患者数推移」を利用して、集計期間を長くしたり、診療科別だけでなく疾病分類別に作図することで、一目でその傾向を掴むことができます。勿論、それらの条件設定や変更は先進のＢＩツールで簡単かつ即座に実行可能です。また、自院までや他院へのアクセス時間については、第３章の「図３―10　診療科別来院患者分布図」「図４―１　病院所在図」を使って、診療科ごとに入退院経路の実績把握や計画作りが簡単にできますし、「図４―２　半径●km以内からの患者特性分解図」を使うと、指定した地域内から紹介された、または通院している患者の性別や診療科を特定することも可能です。

更に、人口動態も地図上にいかようにも表示できますから、地域医療構想で考慮すべきすべての点が、先進のＢＩツールの地図機能とオープンデータ、自院の診療実績データを使うことでカバーできてしまいます。しかもその先進のＢＩツールでは、一画面上ですべての情報を同時に表示することも、データを深掘りして様々な分析をすることも可能です。

図4-2　半径●km以内からの患者特性分解図

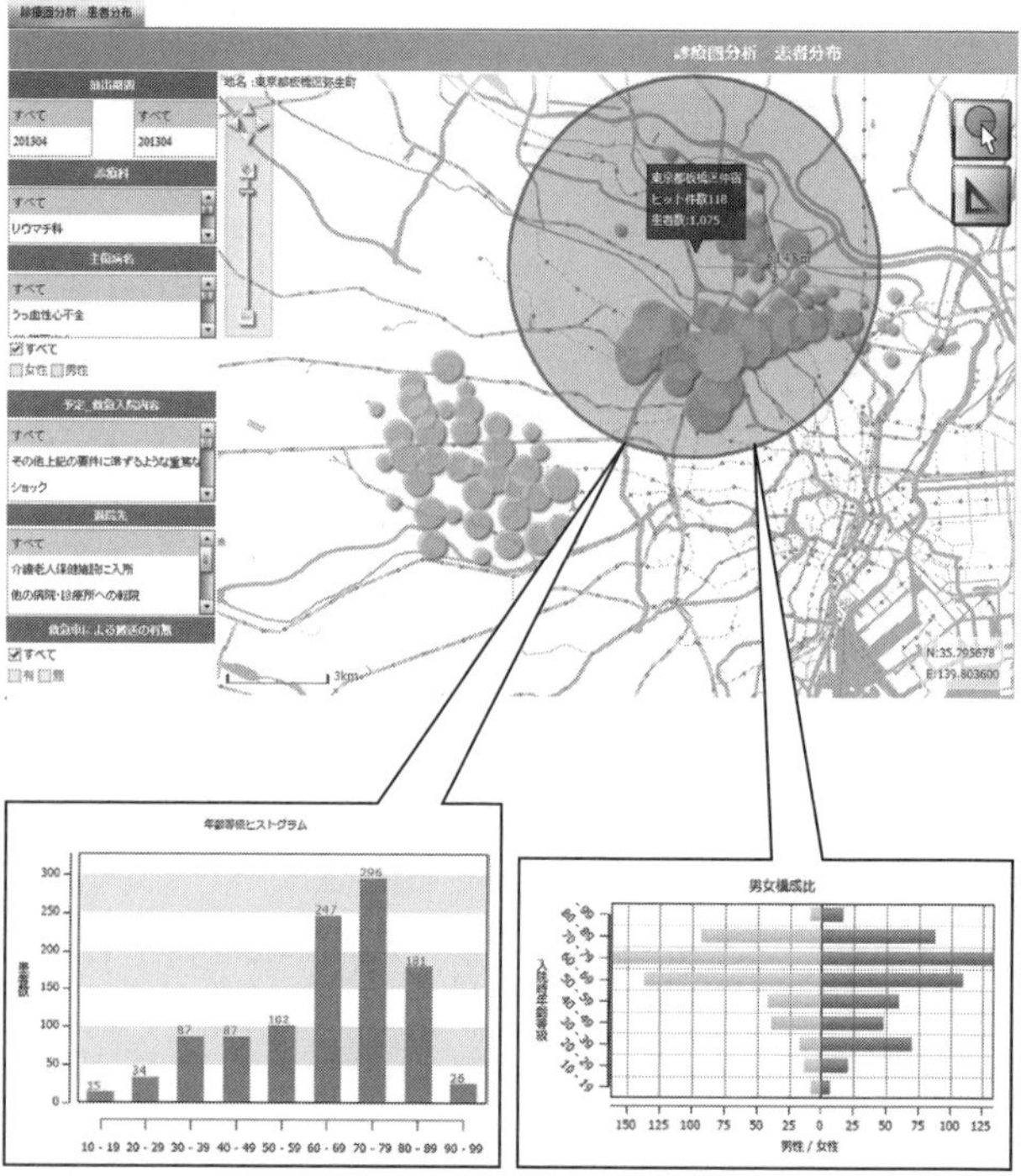

任意の範囲を円で指定して、その範囲内の様々な情報を可視化して分析するテンプレート。ここでは、円の中の医療機関から紹介されてきた患者の性別と診療科のヒストグラムを表示。

在宅医療への取り組み

従来は地域医療連携で考慮するのは病病連携や病診連携まででしたが、地域医療構想の中では急性期病院及び急性期病床が、回復期や慢性期、リハビリ施設、老人保健施設、特別養護老人ホーム、訪問看護ステーション等との連携まで幅広く視野に入れることは欠かせません。

その際、最も重要な連携ポイントの一つは退院の判定とその後のケア計画の関係者との協働策定です。そのため「退院判定基準」を詳細に定めた上で、「退院調整会議」を本人、家族、医師、看護師、薬剤師、かかりつけ医、歯科医、リハビリセラピスト、訪問看護事務所、ケアマネジャー等、多職種の病院内外すべての関係者間で綿密に話し合い、その後のケアを納得尽くで決めることが重要です。それによって、地域連携の関係者間で退院後の生活を含めた総合評価を共有し、「いざという時も安心」という患者やその家族の納得も得られるでしょう。

住民の支持を得た取り組み

福岡のある公立病院では、「その人らしく暮らす」ことの実現に向けて様々な取り組みをしてきていますが、一番大事なのは「なるべく家にいたい」という患者の希望を叶えることだとされています。退院後にリハビリや療養が必要であれば、退院調整会議で転院先との連携を具体的に確認し、その後の早期の在宅復帰への支援体制も用意し、患者が本当に望む地域医療連携を推進しています。

現状の診療報酬制度では、退院後すぐに在宅復帰できる患者が一定以上であれば、7対1入院基本料の算定要件の一つに合致しますが、在宅復帰でなくても退院後の受け入れ先が在宅復帰機能を満たしていれば在宅復帰カウントできます。同病院はその点でも、収益向上と質の高い医療提供を両立する、理想の地域医療連携を体現していると言えます。また、これらの取り組みにより「総合評価」「退院時共同指導」「急性期病棟等退院調整」「情報提供・情報共有」などの診療報酬上の各種加算も得られます。しかし、それより何より、患者本位の取り組みによって、地域社会から支持される病院になることのメリットが遥かに大きいでしょう。実際、同病院が感染症センターになろうとした時、住民の反対運動が起こったのですが、「在宅医療の実現に尽力する等本当に住民のための医療をやってくれている、この病院を信用しよう」という住民の声によって、反対運動は収束していったそうです。

「見える化」で後方支援や開放型病床を実現

「地域医療構想策定ガイドライン」では、在宅医療について、主に「退院支援」「日常の療養生活の支援」に加えて「急変時の対応」「看取り」という機能が求められています。そのためには、24時間体制や医療スタッフの研修による在宅ケア対応の充実などを含めた、診療所や歯科医などへの後方支援が必要だとされています。ここでも患者の状態を共有できる「見える化」がなければうまく機能しないのは明らかです。先進のＢＩツールは、在宅医療を充実させるためにも活躍します。地図への情報表示機能を使って後方支援マップを共有する「見える化」や、地域医療連携内すべての医療資源の所在や活用状況を「見える化」できるからです。それによってＣＴやＭＲＩなどの高額医療機器の共同利用を推進することや、より多くの開放型病床の運営にもつながっていくでしょう。

情報の真の所有者である患者とその家族が、地域医療連携に関わる関係者すべてと情報を共有し、最適な医療をいつでもどこでも効率的に受けられる情報連携と「見える化」が実現している——それこそが地域医療連携の理想形だと言えます。

持続可能な医療提供体制

千葉県のある総合病院は以前から、電子カルテやその周辺のＩＴシステムの一部を地域の介護機関及び医療機関、更に患者にもフルオープンにしています。医師が患者や家族の質問にネットで答え、その履歴がいつでも閲覧できるような取り組みを製薬企業とともに始めた名古屋の大学病院もあります。これらは先進の取り組みのほんの一例ですが、情報の「見える化」によって、患者本位の総合ケアの提供を実現しようとする胎動が、大きなうねりになっていく予兆だと、私は考えています。

これらの取り組みは、必然的に医療の質をガラス張りにし、例えば薬の重複処方などのムダの解消は勿論、すべての医療資源の効率化につながることは間違いありません。医療資源や社会保障財源の利用を効率化しながら、より質の高い医療を提供していくこれらの取り組みは、持続可能な医療提供体制を国レベルで構築していく礎にもなる優れたものです。

地域医療構想策定にマーケティングは不可欠

医療にマーケティングはそぐわないという考えを持つ病院経営者はさすがに少数派になりつつあるようですが、マーケティングを有効に活用している病院は残念ながら少数に留まっています。医療法で医療機関主体の広告が禁じられていることも影響しているでしょう。しかし、地域医療構想で義務付けられている医療需要の予測一つをとっても、今後、医療にマーケティングを適用することは欠かせなくなります。

しかも、先進のＢＩツールやテンプレートを利用すれば、患者属性や人口動態を勘案するなど、需要予測の精度を高めるような分析や可視化が可能になります。

医療におけるマーケティングとは

マーケティングの定義をその大家であるフィリップ・コトラーから引用、要約すると「マーケティングとは、個人や組織が求める製品や価値を生み出し、顧客に届けるプロセス」となります。経営理論の大家であるドラッカーは、「顧客を創造し続けるために、企業が持つべき機能」としてマーケティングとイノベーションを位置付けました。また、マーケティングについて「顧客をよく理解し、製品が顧客の要望にぴたりとはまって、ひとりでに売れてしまうようにすること」と定義しています。

これらを医療の世界に当てはめると、「患者が最も望んでいる医療とは何かを見極めてそれを実現し、広く患者や関連機関にその価値を知らしめ、自院の医療を受けてもらうこと」と表現できます。そのためには、第2章で紹介した4Pを明確にすることが欠かせません。即ち、他病院にはできない最高の医療（Product）を、最適化されたコスト（Price）によって、診療圏での紹介や逆紹介並びに地域医療連携等を駆使して医療サービス提供のチャネルを確保し（Place）、自院の特徴、秀でた医療の質や医療サービスの質の高さを適切に「見える化」（Promotion）して集患につなげるという戦術を駆使するべきです。地域医療連携においても、医療機関がそれぞれのあるべき役割を担う体制を整備し、更にそれを知ってもらう活動を進めることで、集患と優秀なスタッフの獲得、地域医療連携の強化にもつながります。

マーケティングとは経営そのもの

マーケティングとは経営そのものだとも指摘されます。４Ｐの中でも最も重要なのはProduct、即ちどのような「価値」を顧客に提供していくかの見極めであり、価値の中核となるのが経営者の経営理念であり、経営戦略だということを忘れてはなりません。

尚、４Ｐを定義するに当たっては、予めＳＴＰ（医療の需要を区分【Segmentation】し、その中から需要の大きさとニーズを勘案しながら他院と比較して優位な診療科や機能を特定【Targeting】し、そのターゲットセグメントの患者や地域医療連携の関係者のニーズに合致した医療サービスを届ける病院だという位置付けを明確にする【Positioning】こと）を検討しておくと、より効果的でしょう。そしてＰＤＣＡを回して連携をより深めていくためには、ここでも連携実績を先進のＢＩで「見える化」することが効果を発揮します。紹介や逆紹介のバランス、連携マップの中での患者の動線のムダなどが、はっきり把握できるからです。

ただし、医療の公益性を考慮すると、ＳＴＰのフレームワークには一つ気にかかる部分があります。セグメントした市場の中から需要の大きさを勘案し、自院の優位性がある診療科や機能を特定していく部分です。需要が小さく自院が得意ではないから、という理由だけでその診療科や機能を排除してしまっては、医療提供者としての使命が果たせない可能性が出てきます。一般に、効率性と「誰にとっても必要な医療を、必要な時に、必要なだけ、最高の品質で提供する」理念とを両立させることが欠かせませんが、解決策の一つは間違いなく地域医療連携です。地域の中で必要な医療を必ず提供するとの理念がそこにあり、「医は仁術」と効率化を両立させる手立てを、その枠組みの中に求めることができるからです。

そしてもう一つの解決策は、イノベーションです。

イノベーション

医薬品や医療機器、医療技術のイノベーションによって医療の質は確実に向上し続けています。また、先進のＢＩやＩＴに通信技術を加えたＩＣＴ（情報通信技術）のイノベーションによって、医療過疎地の問題が解決したり、極めて少ない症例しかない病気の患者への最適な医療の提供ができるようになるでしょう。

一方、仕事のやり方や視点を変えたり、既存の技術を組み合わせたりすることで新たな価値を創造することもイノベーションです。その意味では、マーケティングのところでも述べた、医療の効率化と仁術の両立を院外との連携によって実現するような地域医療連携の発想や取り組みもイノベーションです。更に視点を変えると、海外からの患者を受け入れる医療ツーリズムや優れた医療を海外に展開することで、医療の質と効率化を一層推進していくようなイノベーションも一考の価値があります。また、政府が進めるデータヘルス計画の担い手になるという発想もあり得るでしょう。

ただし、イノベーションというとプロダクトアウトの発想に陥る間違いを犯しがちです。

即ち、いいものを提供できるようにしたのだから、みんなに喜んでもらえるはずだと思い込んでしまう魔力が、イノベーションという概念には潜んでいます。マーケットイン、即ち顧客が望む価値を提供し続けるという謙虚さがここでも求められます。日本の多くのテクノロジー会社のトップをして、世界一の技術力があれば必ず勝ち残れると錯覚させたことが、失われた20年を日本にもたらした要因の一つであることに留意しなければなりません。

国も注目する医療ツーリズム

第1章で紹介したように、日本の医療費は先進諸国との比較において効率化されています。また、医療関係者の倫理道徳観やおもてなしの精神が世界の中でも特に優れているのは、広く諸外国にも知られているところであり、海外から患者を受け入れる取り組みは一考の価値があります。国レベルでは、経済産業省が支援して「Medical Excellence JAPAN（MEJ）」を設立し、官民連携による日本の医療の国際展開を推進する事業を支援しています。厚生労働省は「外国人患者受入れ医療機関認証制度（JMIP）」を策定し、この認証機関として一般財団法人「日本医療教育財団」の設立を支援するなど、外国人が安心して日本の医療サービスを受けられる体制構築を進めています。そして、外務省は医療目的の来日外国人を対象にした「医療滞在ビザ」を新設するなど、国を挙げて医療ツーリズム受け入れの拡大を図っているように見受けられます。国民医療費の課題解決や産業活性化、国際親善の観点から注目しているのでしょう。

医療ツーリズムの将来性

病院経営にとっても、海外からの患者の受け入れは医業収入を増加させる他、いくつかのメリットがあります。高額の医療機器等は稼働率にバラツキがありますが、海外から高度医療を求める患者を受け入れれば稼働率を上げることができます。稼働率の向上は収益を改善するだけでなく、最新の医療機器を常に取り入れる投資を可能にして、医療の質の向上につなげることができますから、そのメリットは地域の患者にも及ぶことになります。

次に、需要サイドから医療ツーリズムの将来性を見てみましょう。

日本は世界に類を見ない医療機器大国であり、ＣＴやＭＲＩといった診断装置の保有台数は世界一です。重粒子線治療、陽子線治療、ホウ素中性子捕捉療法といった非侵襲治療でも世界最高水準の医療を保有しており、特に癌患者にとって負担の少ない医療を提供できる優位性を持っています。また、心臓血管治療や脳神経血管内治療におけるカテーテル治療や内視鏡手術の技術も群を抜いているというのが世界の医療界での評判です。従って、特に外国の富裕層にとって、日本で医療を受ける大きな理由がいくつもあると言えます。

医療ツーリズムを持続可能な営みにしていくに当たっては、長期的には客観的なアウトカムの測定と可視化がやはり必須です。それがなければ一過性のブームに終わったり、一医療機関の一件の医療過誤だけで、すべての病院の取り組みが壊滅してしまう可能性があります。一時的な集患はできても、それを継続していくためにはクレディビリティが必要であり、それを支えるのはデータとその可視化であることは、医療ツーリズムではより顕著でしょう。

医療ツーリズムの課題とリスク

国際比較からも、地域医療構想からも、今後は大幅な削減が必要とされている急性期病床については、医療ツーリズムを考慮するとずいぶん状況が変わってきます。むしろ、高額の医療機器をはじめ急性期疾患の対応を充実させて、中国、中東、ロシアなどの富裕層を受け入れたり、医療費が超高額なアメリカから中間層を受け入れるという視点もあり得ます。しかし言うまでもなく、医療ツーリズムは国民皆保険制度下にある医療を、より効率的かつ高い質で持続させる観点から取り組まなければなりません。医療を収益最優先の事業活動にすれば、自壊を招くであろうことは想像に難くありません。

あるべき医療ツーリズムにも様々な負の側面やリスクがありますから、十分な検討と準備が欠かせませんが、過度に負の側面を見ることなく、病院経営者が常に医療ツーリズムの選択肢を考慮しておくことは無意味ではないでしょう。多角的に病院経営を検討することで、経営者の経営センスが磨かれるはずだからです。例えば、リゾート施設との連携など、従来の医療の枠組みを越えた院外連携のマネージメントや、海外にいる富裕層への効果的なマーケティングができるかが成功の鍵になります。実際に始めるに当たっては、自院の強みは勿論、地域医療連携での役割、病院経営者自身の経営センスを見極め、次に挙げるリスクや問題点のマネージメントも予め考慮しておかなければなりません。また、経済産業省支援のMEJや厚生労働省支援のJMIPに相談することは非常に有効でしょう。

●医療ツーリズムの問題点、リスク

①収益活動であれば旅行業法や医療法に抵触するリスク
②提供する医療の内容やリスク等のインフォームドコンセント徹底
③医療事故や訴訟への対応
④医療通訳士の配置や診断書の翻訳
⑤未払いでの本国への逃げ帰りへの対応、保険
⑥地域住民への医療提供が支障を受けない制度設計や運営

海外への展開

日本の優れた医療を国内で提供するだけでなく、海外に輸出する、あるいは資本業務提携や合弁、病院設立によって海外で提供することも、医療の質と収益性を両立するための選択肢の一つです。国も日本再興戦略改定２０１５において、医療のインバウンドとアウトバンドの推進を重点政策課題の一つに位置付けています。経済産業省が支援するＭＥＪが掲げる理念では、世界の医療に貢献しながら日本の医療や経済にそのメリットを還元させる方針を次のように明示しています。

①医療を提供する国・地域の特性を踏まえ、日本の医療サービスをパッケージで輸出して、その国・地域の医療水準の向上に貢献する。
②日本の医療圏拡大に寄与し、日本の革新的医療技術の早期実用化・普及拡大、医療人材の育成に貢献する。
③医療機関及び医療関連産業の海外進出、海外事業拡大を支援し、日本経済の成長に貢献

する。

④医療を提供する国・地域の医療水準の向上、並びに、難治性疾患患者の日本の医療機関への受け入れ支援を通じて、日本の互恵的国際関係の強化に貢献する。

海外展開はトータルソリューション化が重要

診療報酬の減額改定のトレンドは、病院経営だけでなく医療機器、材料、医薬品業界にとっても、海外展開の誘因になっています。海外に収益機会を求めなければこれらの業界は確実に衰退の道を辿ることがわかっているからです。

医療の海外展開においては、日本のハイテク産業の海外事業が失速した一因である技術やスキルだけに頼るやり方を避けて、トータルソリューションを提供する視点が重要と考えています。つまり、ＭＥＪの理念にあるように、医療サービスをパッケージで輸出するということです。日本の優れた医療を構成する病院経営のノウハウと関連産業のテクノロジー、そしてデータに基づく「見える化」をトータルパッケージにして現地展開することが肝要です。

その際、進出先の国や地域の法制度や習慣を十分考慮した上で、P4P（Pay For Performance：成果に応じた支払い）の診療報酬の導入を真剣に検討すべきだと考えます。

また、予防医療は日本では保険での診療報酬点数が認められていませんが、日本の優れた健康診断や検査技術を海外で価値あるサービスとして展開することも極めて有望でしょう。

先進のP4Pも導入して有望市場へ

P4Pは、アメリカの医療界において注目を浴びている、診療成果に見合った診療報酬を支払ってもらうものです。第3章で紹介したデータ活用によって医療の可視化は実現できますから、海外においても普遍的に医療に求められるTransparency, Accountability, Credibilityのすべてが提供可能です。医療技術、おもてなしの価値に加えてP4Pを導入すれば、世界最強の医療として世界が歓迎することも夢ではなくなります。

展開すべき海外市場としては、今後確実に経済成長を遂げるアジア各国が最初に挙げられるでしょう。特に2015年末誕生のASEAN経済共同体（AEC）によって域内の医療連携や医療ツーリズムの発展が見込まれます。もう一つ有望な市場としては、イスラム諸国が挙げられます。日本は宗教の面でも歴史的にもイスラム諸国とは友好的な関係を維持してきており、また、イスラム法で食べることが許された食材や料理であるハラールと親和性の高い和食を持つ文化も優位点でしょう。

「健康経営」

アベノミクスの元祖「三本の矢」の成長戦略において、健康長寿社会の実現を目指すデータヘルス計画、即ち「健康経営」の推進は一丁目一番地に位置付けられた重要施策です。「健康経営」とは、NPO健康経営研究会の定義によれば、「経営者が従業員とコミュニケーションを密に図り、従業員の健康に配慮した企業を戦略的に創造することによって、組織の健康と健全な経営を維持していくこと」とされています。更に、次のような意義があるものと位置付けられています。

「健康経営とは、『企業が従業員の健康に配慮することによって、経営面においても大きな成果が期待できる』との基盤に立って、健康管理を経営的視点から考え、戦略的に実践することを意味しています。従業員の健康管理・健康づくりの推進は、単に医療費という経費の節減のみならず、生産性の向上、従業員の創造性の向上、企業イメージの向上等の効果が得られ、かつ、企業におけるリスクマネジメントとしても重要です。従業員の健康管理者は経営者であり、その指導力のもと、健康管理を組織戦略に則って展開することがこれからの企業経営にとってますます重要になっていくものと考えられます」

従って、企業をその担い手とするのが一般的な「健康経営」の位置付けです。また、欧米では、「健康経営」はHealth and Productivity Managementと呼称されており、生産性を管理することが概念の中核にあります。しかし、「健康で長生き」という価値は普遍的であり、非営利組織、自治体等すべての組織、団体にとって意義がありますから、企業のみに限定して適用されるべきではありません。健康経営先進国のアメリカにおいても、全米病院協会が、病院はコミュニティにおいて健康経営のロールモデルになるべきだと勧告しています。

病院こそが健康経営の担い手

健康なスタッフが健康な病院経営を担うのは勿論、医師や看護師の健康が患者の健康を守る基本であることに異論はないでしょう。また、地域医療連携で見たように、今後の病院経営において、予防医療や退院後のＡＤＬ、在宅医療、介護の後方支援までもカバーする役割が欠かせません。健康経営によって健康寿命を延伸した経験とノウハウを持つ医療関係者は、健康、未病、病気、要介護のすべての状態をシームレスにケアするサービスを提供することができます。医療の専門家として、病院とその医師、看護師は、健康増進ノウハウを患者に還元していける点で、健康経営の担い手として最適でしょう。

また、病院が職員の健康増進に投資すること自体が職員の士気を高めます。未病、健康な状態の時も含めて、患者に予防や健康増進のサポートができれば、病院スタッフの崇高な使命感がより高いレベルで実現されることでしょう。

現在、医師法等によって、企業は個人の病歴や健康状態から治療方法を推奨することはできません。従って、個々人の健康医療リスクに介入することで健康経営の成果を拡大していこうとすれば、医師や保健師等の有資格者、組織としては病院こそが健康経営の担い手でなければならないのです。

日本では、東京大学政策ビジョン研究センター健康経営研究ユニットの支援を得て、久留米にある病院が職員への健康経営を２０１４年から導入しています。残業原因分析などの労務・人事データ、健康診断、電子カルテからの診療データを活かし、病院職員の健康指標と生産性の相関を分析するなどして、健康経営の取り組みにおいて成果を上げつつあると報告されています。他病院も健康経営に取り組み、ベンチマーキングすることで、各地の病院が健康経営の担い手になっていくことが望まれます。

しかし、そのためには診療報酬の改定が必須です。

予防医療と健康増進にこそ保険での診療報酬を

健康経営の担い手が病院であるべきというのは、現状の診療報酬制度下では、主に医療を受療する側の見方であり、病院収益に直接資することがない限り、そうした病院が増えることは難しいでしょう。言うまでもなく、病気治療にしか診療報酬は支払われず、予防や健康増進に対しての診療報酬点数は認められていません。アベノミクスの元祖「三本の矢」で成長戦略の一丁目一番地に位置付けられている政策を推進するためにも、国は予防医療と健康増進への診療報酬支払いを今こそ制度化すべきでしょう。

一方で、健康寿命が延びるだけでは国民医療費の削減は叶いません。現状、日本人の健康寿命は男性71歳、女性74歳であり、平均寿命とのかい離は約10歳です。その期間が短縮されなければ、人生最後の10年に生涯医療費の大半を消費する実情を変えることはできず、2025年には74兆円に達すると見積もられている医療・介護費の合計が減ることもないのです。

日本再興戦略の視点では、健康寿命が延びることに大きな意義がありますが、国民医療・介護費を削減するためには、予防医療の拡充、寿命と健康寿命のギャップ期間を短縮する健康寿命の延伸が必須です。健康寿命を延伸する取り組みには、生活習慣病の予防や介護状態への移行を防止する効果のあるものが多く、医療とのシームレスな連携でその効果を医療費削減につなげる政策誘導は欠かせないと言えます。

また、広島県呉市での糖尿病重症化予防の取り組みが劇的な成果を上げた通り、慢性疾患の重症化予防はかなりの確度で実現できることがわかっています。そして、糖尿病性腎症になると医療費は年間500万円かかる例に象徴されるように、慢性疾患の予防は劇的な医療費削減をもたらし、予防にかかる経費を遥かに補ってあまりあると試算されているのですから、やはり、予防医療や健康増進に対して診療報酬が支払われるように政策を変更することは必須です。

医療・介護等分野におけるICT化の政策をお題目に終わらせるな

かつて国保加入者から毎年20人以上が糖尿病性腎症になっていましたが、呉市は、重症化予防プログラムを修了した人から一人の人工透析移行者も出さなかったという劇的な成功を収めています。このプログラムの成功要因の一つとして、医療データの統合と分析及び可視化が徹底されていたことが指摘できます。対象者のスクリーニング、糖尿病の指標となるＨｂＡ１ｃと腎機能を示すクレアチニン数値のモニタリング、処方薬の服薬状況のチェック、生活習慣改善指導というアクションを効果的に遂行するＰＤＣＡマネージメントをデータの

「見える化」によって支えた好例と言えます。

日本再興戦略改定2015では、新時代への挑戦を加速する「第4次産業革命」の当面の政策対応の一つとして、医療・介護等分野におけるICT（情報通信技術）化の推進を謳っています。施策の方向性は次に挙げる項目から成り、内容はまさにあるべき方向性を示していますが、使えない医療データを使えるようにするという最も困難で、かつ本質的な問題を解決する意思は、少なくとも公表された戦略の概要からはうかがえません。関係省庁が一致して、個別かつ部分最適用途で構築されたICT環境によってつながらなくなっている医療データをまずはつなげる、という基本問題の解決に注力することを期待して止みません。それなくして地域医療連携や医療の国際展開は機能せず、質の高い医療を提供する国民皆保険制度は間違いなく危機に瀕するでしょう。

①医療等分野における番号制度を導入。医療保険のオンライン資格確認を2017年度7月以降早期に整備。

②地域医療情報連携ネットワークを全国へ普及。電子カルテの全国普及率の引き上げ。

③診療報酬改定時に、診療報酬におけるＩＣＴを活用した医療情報連携の評価の在り方を検討。

④国等の医療等分野関連データベースの徹底活用。医療介護の質の向上、研究開発、費用適正化に活用。

健康経営に興味がない経営トップ、健康に無頓着な市民

アメリカでは、２００人以上の社員がいる事業所の９割で健康経営が導入されていると言われています。今や健康経営が充実していない企業には人が集まらないというのが、かの国の先進性です。翻って日本は、社員へ健康増進活動を推奨する前にやることが山ほどある、というのが圧倒的大多数の経営者の意識です。投資対効果が明確に実証されておらず、その効果を理解できる経営トップが少ないのです。

他の先進国でも同様ですが、一部の健康意識の高い人たち以外、健康増進の取り組みはそもそも長く続けられないものです。健康増進の効果はなかなか実感できないものですし、

様々な健康リスクが低減することはもっと実感できません。また、多くの生活習慣病は、重症化するまで自覚症状がないか軽微なので、その予備軍に対してすら健康増進に取り組む動機づけを高めることは難しいのです。従って企業や組織にとっても、個々人にとっても、健康経営の成果が実感できることや「見える化」すること、何がしかの強い動機づけの要素を持たせることが、健康増進活動の継続には欠かせないことが経験的にわかっています。

それらの課題を乗り越える取り組みの一例について次に紹介します。医療機関自体の取り組みにおいても、医療機関が企業へ健康経営を展開する上でも参考になるでしょう。

実証実験中の健康経営の事例……ウェアラブルデバイスの活用

健康増進のアプリやサービスは平均2週間で解約される中で、健康経営を機能させる最初の要諦は、楽しみながら簡単に続けられる仕掛けや仕組みが用意されていることです。それらを実現するサービスの一例を紹介します。

携帯アプリに健診データをダウンロードすれば、健康状態をワンスコアで表示できます。

更に、日々変化する血圧、血糖値、睡眠時間、活動量に基づくカロリー消費や食事の種類、ストレス度合いをセンサー付きのウェアラブルデバイス等から取り込んで、健康スコアをリアルタイムでアップデートしていく、そんなアプリが登場してきました。そういうアプリはまた、個々人がそれぞれの目標を設定することができて、その目標達成のためのレコメンデーションを多様性豊かに提示したり、目標達成に向けたロードマップや成果の確認ができてＰＤＣＡを回すことができたり、孤独な取り組みではなく、様々な仲間の中で切磋琢磨するゲーム感覚で楽しむ機能があって、ソーシャルネットワーク機能も充実しています。何世代にもわたる家族間での見守りの機能もあって、家族の絆を取り戻すことにも役立ちそうですし、企業に導入すれば、各部門のＫＰＩ（Key Performance Indicator）と健康増進活動に関わる様々な指標との相関分析ができ、優秀者にはポイントがたまり、それに応じたインセンティブが提供されるような仕組みを用意しています。

健康経営市場はまさに勃興の前夜です。健康経営サービスの進化は今年から劇的に進むでしょう。健康増進の取り組みにおいて、魅力的なアプリは非常に重要ですが、同時に、健康状態をモニタリングして健康リスクや企業生産性との相関を分析するデータ活用、「見える化」が、利用者にとってもサービス提供者にとっても成功の鍵になると私は予測しています。

類似のサービスによって、欧米ではメンタル不調の防止やプレゼンティーイズム（出勤はしているが心身の不調によって生産性が落ちている、いわば未病の状態）による生産性低下を劇的に改善する効果が確認されています。また、これらの未病状態を健康に戻す、あるいは病気に移行させせない健康増進支援サービスは、個々人を幸福にし、職場の生産性を向上させるだけでなく、慢性病の重症化予防などで医療費の削減につながることも期待されます。

また、このサービスから得られるほぼリアルタイムの健康データは、様々な疾患予防や症状の改善を図ること、ＡＤＬ向上、在宅復帰の支援、患者の状態のモニタリングにも利用できますから、地域医療連携の後方支援に活用することは極めて有効だと思われます。少なくとも、病院がこのような健康増進アプリを利用するのは、非常に斬新な取り組みとして注目を浴びるでしょう。また、病院の取り組みとして患者のＱＯＬを上げるためにも、このような健康アプリやウェアラブルデバイスの活用は積極的に推進していくべきでしょう。

健康、未病、病気、介護のいずれの状態でも、入院、在宅、介護のどの場所でも、健康医療データがすべてつながる時代になったことで、新たな医療、新たな病院の姿を描くことが求められています。

理想の健康経営

新たな病院像を描く一助になることを願って、私が考える理想の健康経営像を紹介します。

理想の健康経営とは、企業や公益団体において、そのすべてのスタッフが健康で長生きできるような健康増進プログラムを用意し、健康な人も未病の人も、そして罹患中の誰もが、主体的に健康増進、病状回復に長く取り組めるよう、健康・未病状態、病気の容態を可視化し、健康増進成果を実感できる仕組みやインセンティブを提供しながら、組織や地域社会全体も健全な活動を持続できるように、継続的に投資をして人財活性化、健康長寿、ＱＯＬの改善を目指す活動です。その環境と仕組み、プログラムを用意するということは、肉体的にもメンタル面の健康にも最大限のサポートをし続けるということであり、すべてのスタッフとその家族の健康増進をあらゆる面から援助するということです。特に働く人にとっては、いつでも安心して職務遂行に当たれるように、子育てや親の介護への物理的、精神的な負担を軽減する、できれば負担をなくすサポートを作り込むことが肝要です。それが本当の意味で「人を第一と考える」企業・組織であり、そこで働く人々は、組織へのロイヤリティを高め、働きがいややりがいは勿論、既に病気に罹患した人たちも含めて、健康・未病・病気の状態がより改善されることを通じて、生産性を改善し、創造性豊かな成果を上げることで、企業・組織の業績、成果を最大化するために力を発揮するでしょう。これは非現実的な理想論ではありません。健康経営の歴史が長く、それが産業界に定着しているアメリカでは、健康経営に成功した企業はその産業内で生産性が3倍、医療費が1／3になる成果を得ていると報告されています。健康経営は費用増となる取り組みではなく、投資収益率が実は最も高い活動であることが欧米では広く認知されています。即ち、理想の健康経営が継続されることで、あらゆる組織の活動成果が最大化して社会を豊かにし、また、人々の健康が増進されることによって、世界中で破綻しつつある医療財政を健全化し、持続可能性のある制度にすることができる——それが私が理想とする「健康経営」です。

ＰＨＲの整備も病院が担う時代

ＰＨＲ（Personal Health Record）は医療機関、特に地域の中核病院こそが整備の主体になるべきと考えます。なぜなら、地域の中核病院は地域医療連携に加えて健康経営を提供する主体者にもなることで、すべての健康・医療データを保有し、適切に活用することができる唯一の組織だからです。しかも、それは既に紹介したように先進のＢＩツールによって技術的にも実現可能です。

ＩＣＴの技術的な基盤そのものは産学連携等、院外に求めなければなりませんが、生まれてから墓場までの健康、未病、病気、介護のすべての健康医療データをつなげて、病院がＰＨＲの整備と関係する健康・介護・医療機関へのＰＨＲの提供を担うのは、ごく自然なことではないでしょうか。

病院職員のやりがいも「見える化」から

病院は、患者に常に直接向き合う医師、看護師、コメディカル、医事課スタッフなどの職員が、お客様である患者に価値を直接提供する営みが行われている場所です。しかも、その価値は病院経営者を含めた病院職員が、日々直接創造しているものがほとんどですから、病院経営は人財がすべてです。

ところが、人の命に向き合い、治療し、寄り添うという崇高で神聖な仕事をしながら、やりがいを実感できずに、職員に疲弊感が募っていく職場も少なくないのが現状です。一方、ここまで述べてきた、経営理念、患者が望む医療、効率化、医療の成果・質・価値の「見える化」はすべて、日々の営みのすべてが崇高で価値あるものだと実感する取り組みそのものです。従ってその取り組みは、人財を活かす最も有効な経営改革でもあるのです。「見える化」を更に進めて、病院職員全員が、良いこと悪いこと、できていること、できていないこと、必死に頑張っていること、それでも失敗してしまったこと、患者の不満、感謝されていることのすべてを共有する。それによって、それぞれの仕事の価値を実感し、職位間の壁が消えて、信頼と尊敬、そしてともに崇高な営みに力を合わせる「協働」が生まれていきます。更にそこから、自らの創意工夫で経営改善に取り組み、最高の医療という価値を創造していく自律的な人財と組織が育まれていきます。

優れた経営改革に成功している病院では、活き活きと誇りに満ちた職員全員が目を輝かせて崇高な仕事に打ち込み、やりがいに満ち溢れて病院全体を明るく照らし、それによって患者に勇気と希望をもたらしていることでしょう。そこにこそ、誰からも感謝され、持続可能かつ発展し続ける医療を提供する「選ばれる病院」の姿を見出すことができるのです。

おわりに

3年前、一人の同僚に私の夢を一晩中語り続けました。

「世界中のたった一人からでいい。『あなたの会社の仕事が私の愛する人の命を救ってくれました。』そう言われたい一心で私はITの仕事をしている。ITで医療のすべてをガラス張りにして人の命を救いたい。死なずに済んだ人を絶対に死なせない。それが私の夢です。」

私自身はそう語り続けたことを忘れてしまったのですが、このキザな科白を真に受けた同僚は一念発起して翌日から早速、知己を頼って病院におけるIT活用の課題とニーズを探り始めてくれました。その半年後、その同僚はあるDPC対象病院の最高情報責任者（CIO）を紹介してくれたのですが、あっという間に意気投合して共有した志は、病院に大量に溜まっているが活用できていないデータをつなげて、医業収益構造、医療の質やアウトカム、業務効率すべてを分析、可視化し、病院経営を改善、改革する仕掛けと仕組みを作って全国の病院に広めていこう、というものでした。それ以来、2年半かけて構築してきた成果の一部が、第3章で紹介したBIテンプレートです。メニュー揃えはまだわずかですから、医療の質の向上と効率化を希求する多くの方々とともに、これからもテンプレートを充実させていけることを願っています。

情報通信（ICT）産業が世界中の人々を豊かにし幸せにする。そう信じて情報通信の仕事に30数年間携わってきましたが、その間、通信技術は飛躍的に進化して、世界中「いつでも、どこでも、誰とでも」つながることが現実のものになり、今や互いの姿を見ながらの無料通話まで可能です。しかし、情報技術（IT）でできていることは、その無限の可能性に比較するとごくわずかだというのが実感です。誰もがコンピューターを自在に使いこなして思考の生産性を極限まで高め、豊かな発想で価値を創造し続ける。それを実現していくのがIT業界に身を置く私たちのミッションだと考えています。医療の世界で大量のデータがいまだに十分に活用されていないのは、私たちの怠慢です。本書で紹介した先進のBIテンプレートは、リウマチ膠原病の患者に最高の治療をし、QOLを向上させることに献身し続けている医師、病院職員全員の使命感に感謝し尊敬の念を持って病院経営を改革していきたいと志す院長や副院長、医療の質の向上と効率化の両立を目指す経営センス溢れる病院経営者の方々の求める分析・可視化ニーズに応えるために構築してきた解決策です。その過程で、先進のＢＩこそが、医療の質の向上と経営効率化を実現するＩＴであり、志あるすべての医療関係者が手許で自在に仮説検証して価値を創造できるツールであると確信しました。その価値をすべての医療関係者に知って頂きたいとの逸る気持ちで本書を著した次第です。

そうした仕事の中で、改めて日本の医療の質の高さと医療に携わる方々の志に触発され、その価値は院外にも広く提供していくべきであり、医療機関は病気を治すだけでなく健康増進にもより大きな役割を果たし、更に日本全体に活力を与えていく存在であるべきだとの考えに至りました。具体的には、地域医療連携の中で求められる幅広い役割を果たす、外来、入院ともに来院前や退院後のケアも含めた医療の提供によって、患者のＱＯＬをより向上させる、予防医療や介護とシームレスに連携したり自院でそれらを提供するなどの取り組みです。それは多くの人が望むことであり、病院にとっては新しい医療の価値やサービスを創造する機会にもなります。このような連携や医療の周辺領域への機能の拡充によって、個々人の生涯を通じてのＱＯＬや健康寿命の延伸を提供する事業もあわせて担うようになれば、病院の社会的価値は飛躍的に高まり、その位置付けも大きく変化していくでしょう。それがまた結果的に、国民医療費を適正化していくという、持続可能なエコシステムの創造と発展につながっていきます。

医療の供給は有限であり、地域医療連携によって医療資源の効率化を進めるのは持続可能な社会の実現に不可欠です。近隣のどの病院も高額の医療設備を競って導入していたり、逆にそれらが地域全体で不足しているような医療資源の偏在は、今後は許されません。優秀な医師や看護師についても同様に限られた社会的アセットであり、疲弊させる職務環境は是正されなければなりません。また、データが連携していないために複数病院を受診した患者に同じ薬を大量に処方するような医療資源のムダや、患者への弊害の解消もやはり地域医療連携に期待される点です。そういう役目まで担って初めて最高の医療に近づくのであり、志高く企業家精神旺盛な経営者は、データ活用や「見える化」を徹底して病院の改革力を高め、新たな社会的価値の創造者となり、提供者になっていかなければなりません。そしてそういう病院だけが厳しくなる経営環境の中で生き残り、選ばれる病院になっていくというのが時代の要請でもあるでしょう。更に、そうした病院経営者は視野を世界に拡げて、医療ツーリズムを受け入れたり、海外に病院を展開していくことにも挑戦していくでしょう。そういう未来は、すぐそこに来ています。本書が、皆様が世界中の人々に最高の医療と健康長寿を届けていく一助となれば幸いです。

最後に、本書の執筆に当たってご支援下さった方々に感謝を申し上げたいと思います。まず、「情報活用で世界中の人々を豊かにしたい」との理念のもとで先進のＢＩを創造し、価値ある医療テンプレートを創造する事業基盤を築いたウイングアーク１ｓｔ社社長の内野弘幸氏と創業以来の全社員、一晩中語り続けた私の夢を真に受けて翌日から奔走して私を支え続けてくれている、ウイングアーク１ｓｔの佐々木光明氏、他の業務をこなしながら、身を粉にして知力の限りを尽くし、病院に通い詰めてＢＩテンプレートを作り続けてくれた、ウイングアーク１ｓｔの小山智久氏に心から感謝するとともに、これからもこの価値ある仕事を一緒に続けてくれることを衷心より願っています。医療情報可視化ネットワークを主催されデータ可視化の様々なご指導を頂いた東京医科歯科大学大学院教授の川渕孝一氏、医療情報分析の知見を様々に頂戴した東京学芸大学人文社会科学系経済学分野准教授の伊藤由希子氏、健康経営の知見を深くご教示頂いた東京大学政策ビジョン研究センター健康経営研究ユニット特任教授の尾形裕也氏と特任助教の津野陽子氏、漢方の養生法を健康経営に活かす知見と実証実験のご支援を頂いた慶應義塾大学環境情報学部教授・医学部兼担教授の渡辺賢治氏、国内外の様々なヘルスケア企業のビジネスモデルをご教示下さったライフイノベーション国際協働センター事務局長の武市純雄氏と医師の田代憲吾氏、主に米国のヘルスケア事情を幅広くご教示下さったUBIC顧問の西村由美子氏に心から感謝します。また、トヨタ生産システム全般とTOCを長年ご指導下さったグローバリング代表取締役の稲垣公夫氏に心から感謝します。本書の内容骨格を決める際に多くの示唆と閃きを頂き、また最初の原稿をすべて破棄して全面的に書き直し、更に書き直しを繰り返して締め切りを何度も延ばすのを根気よく待ちながら校正を続けて下さった幻冬舎メディアコンサルティングの佐藤早菜さんにも心から感謝します。そして、この半年間、休日の度に早朝から深夜までろくに口もきかずに調査と執筆に明け暮れた私を、あたたかく見守ってくれた妻に心から感謝しています。

「私の愛する人の命を救ってくれた」と〝誰か〟に言って頂ける仕事をすると長年思い続けてきて、そう言って下さるその〝誰か〟については時々で人物像を結び、そのイメージも時々で変わってきています。10代の頃のその〝誰か〟とは実は自分自身であり、「私の愛する人」とは病気がちな母であり、母を支え続けた父でした。確かではない診断や治療で命を失う危険に度々遭遇する母の姿と父の献身の姿を目にして、仁術を極めてくれる医療が科学に裏付けられて、必ず命を救うものに進化していって欲しい、と強く願ったことが、ＩＣＴ企業に就くきっかけの一つでした。夢を追うばかりの私をあたたかく見守ってくれた両親に心から感謝しています。妻と出会ってからは、妻と子供たちが「愛する人」に加わりました。そのため愛する家族の命を護り、家族とともに健康で笑顔の絶えない人生を長く歩みたい。そのために第4章で述べたような健康長寿社会の実現に向けて、医療関係者とＩＣＴ企業があらゆる利害と障害を乗り越えて力を合わせていきたいと決意しています。そして、「愛する人の命を救ってくれる」仕事に献身し続ける医師やすべての医療関係者の方々とともに、「あなたの会社が愛する人の命を救ってくれた」と、きっと〝誰か〟に言って頂ける仕事を、今やっと始められたことに心から感謝しています。

木村 裕一

木村 裕一（きむら ゆういち）

ウイングアーク1st株式会社取締役COO。北海道大学文学部行動科学科を卒業後NECに勤務。NEC国内外法人の経営再建を担当した後、事業ライン最年少事業部長に就任し、複数事業の再生・構造改革に携わる。2011年、企業理念に共感し、1stホールディングス株式会社（現・ウイングアーク1st株式会社）に転じて取締役COOに就任。多種多様な情報を統合・分析・可視化して経営効率化につなげる同社のビジネスインテリジェンスソフトウェアを医療にも本格展開すべく、使命感溢れる医師や病院経営者とともに、医療の質向上と効率化を両立させる取り組みに奔走している。

経営者新書 154

病院経営を劇的に改善する
医療データ活用戦略

二〇一六年一月二〇日 第一刷発行

著 者 木村 裕一
発行人 久保田貴幸
発行元 株式会社 幻冬舎メディアコンサルティング
〒一五一-〇〇五一 東京都渋谷区千駄ヶ谷四-九-七
電話〇三-五四一一-六四四〇（編集）
発売元 株式会社 幻冬舎
〒一五一-〇〇五一 東京都渋谷区千駄ヶ谷四-九-七
電話〇三-五四一一-六二二二（営業）
装 丁 幻冬舎メディアコンサルティング デザイン室
印刷・製本 シナノ書籍印刷株式会社
検印廃止

Printed in Japan ISBN978-4-344-97340-4 C0234
幻冬舎メディアコンサルティングHP http://www.gentosha-mc.com/